GW01607189

ZBIGNIEW LEW-STAROWICZ

O mężczyźnie

Projekt graficzny
FRYCZ I WICHA

Redakcja
Przemysław Skrzydelski

Skład
Tomasz Erbel

Wydawca
Czerwone i Czarne sp. z o.o.
Rynek Starego Miasta 5/7 m.5
00-272 Warszawa

Druk i oprawa
Toruńskie Zakłady Graficzne
„Zapolex" Sp. z o. o.
ul. gen. Sowińskiego 2/4
87-100 Toruń

Wyłączny dystrybutor
Firma Księgarska Jacek Olesiejuk sp. z o.o.
ul. Poznańska 91
05-850 Ożarów Mazowiecki

ISBN 978-83-7700-032-8

Warszawa 2012

ZBIGNIEW LEW-STAROWICZ

O mężczyźnie

Rozmawia
Krystyna Romanowska

Warszawa 2012

Rozdział I.
Kłopoty z niedojrzałością

Rozdział I.

Dziecinada współczesnego faceta / groźny podział ról damskich i męskich / nieobecni ojcowie / polska płciowość w kulturze europejskiej / kobiety jako aktorki od urodzenia / teatr godowy / mężczyźni pod presją / seks a życie rodzinne

Panie profesorze, jaki jest współczesny polski mężczyzna?

Przed chwilą wróciłem z zakupów w jednym z warszawskich centrów handlowych. I jak zawsze, dziś też zobaczyłem taki obrazek: po sklepach człapie mnóstwo mężczyzn po trzydziestce, w krótkich spodenkach w kropeczki albo kółeczka. Albo idą w spodniach, które im spadają z siedzenia, albo w samych skórach czy w stroju komandosa. Mężczyźni to czy chłopcy? Liczba niedojrzałych mężczyzn przyjmuje charakter epidemii.

Może wnętrze mają dojrzałe?

Bardzo wątpię. Uważam, że proces rozwoju psychoseksualnego przebiega w ten sposób, że teraz mężczyzna osiąga dojrzałość około czterdziestki. A dokładnie między trzydziestym piątym a czterdziestym rokiem życia. Populacyjnie: Piotrusiów Panów mamy zatrzęsienie. Mają powodzenie, bo rozpiera ich energia; umieją ubarwiać życie, cieszą się z drobiazgów, mają w sobie wiele pozytywnej radości, budzą w kobietach uczucia opiekuńcze. Są przeważnie duszami towarzystwa, pełni pomysłów. Kobiety, które się z nimi wiążą, na pewno nie narzekają na nudę. Do momentu, kiedy okaże się, że Piotruś

Pan ma kolejny romans, a romansowanie jest nierozdzielną cechą jego osobowości.

Czy w takim razie kobiety nie powinny się wiązać z mężczyznami młodszymi od czterdziestolatków?

Tego nie twierdzę. Tylko kobieta powinna wiedzieć, jak długo mężczyzna, z którym się wiąże, będzie jeszcze dojrzewał. Ale od razu przestrzegam – niech nie próbuje być nauczycielką. To częsta pokusa kobiet: „Ja cię wychowam". Nie, nie i jeszcze raz nie. Pomagaj mu w dojrzewaniu, ale nie przyjmuj roli wychowawczyni, bo to źle się odbije na związku. Poczekaj, daj mu się wyszaleć w roli chłopca. Niech sobie kupi quada i pędzi nim po polach, nie ośmieszaj go przy innych za infantylne zachowania, nie krytykuj za wszystko. Człowiek od najbliższej osoby musi dostawać pozytywne wzmocnienia co najmniej kilka razy dziennie! Badania mówią, że jeśli związek ma być udany, to na jedną uwagę krytyczną musi być pięć pochwał.

Kiedyś z dojrzewaniem mężczyzn było inaczej?

Oczywiście. Następowało ono wcześniej. Kilka jest tego powodów. Chociażby emancypacja kobiet, której konsekwencją jest zanikanie tradycyjnych ról płciowych. Kobiety za wszelką cenę starają się udowodnić, że są lepsze od mężczyzn. W pracy, w kierowaniu samochodem, na siłowni. I po co? Mężczyźni zaczynają się bać kobiet. Ich wyzwolenia w sprawach seksu, tego, że domagają się partnerstwa, że dobrze sobie radzą. Stąd wulgaryzmy językowe.

Dlaczego mężczyźni tak często świntuszą, używają przekleństw, o płci pięknej mówią dosadnie? To wszystko z lęku. Z lęku przed kobietami, przed odrzuceniem. Czułą stronę mężczyźni coraz częściej okazują paniom tylko wtedy, gdy są pod wpływem alkoholu. Kobieta jest traktowana na rynku pracy jako groźny konkurent, dlatego spotyka się z męską niechęcią. Mężczyźni uważają, że one się wszędzie pchają i zajmują ich miejsce. Słyszałem w radiu piosenkę ze słowami: „[...] Dziewczyny teraz są bardziej samcze". Wyraźna jest tu właśnie ta obawa. Kobiety są coraz bardziej męskie i my mężczyźni nie możemy liczyć już na to, że one będą czułe, kochające. One są coraz bardziej do nas podobne, zmaskulinizowały się.

Przez wieki podział ról był oczywisty – kobieta zajmuje się gniazdem, mężczyzna zapewnia jej bezpieczeństwo, przede wszystkim finansowe. Teraz on nie zamartwia się o zabezpieczenie finansowe rodziny. Skoro partnerka pracuje, awansuje, jest ambitna, zaradna, to odpowiedzialność za bezpieczeństwo rodziny może przerzucić na nią. I tak często robi. Owszem, mężczyzna wie, że musi chodzić do pracy, bo bez pracy pozbawiony byłby statusu, ale po pracy oczekuje już tylko rozrywki. Jak chłopak w wieku szkolnym – po lekcjach przychodzi czas na nieustanną zabawę.

Do tego dochodzą te pobłażliwe mamy, które nadskakują maminsynkom...

Niedojrzali faceci wychowali się w domach, w których matka była pobłażliwa, nadopiekuńcza, tolerancyjna i dumna z syna. Na wiele im pozwalano. Jeżeli chłopak dobrze się uczył czy był dobrym studentem, przymykano oko na jego wybryki w myśl zasady, że powinien się wyszumieć. Tyle tylko, że temu wyszumieniu nie ma końca. Szumi niekiedy do końca życia. Niedojrzały mężczyzna nie toleruje rygorów, wymagań, nudy, stabilizacji. Ciągle go gdzieś nosi, od przygody do przygody, ciągle szuka wyzwań. Kiedy się ożeni, traktuje swoją partnerkę jako mamę bis, od której oczekuje przede wszystkim pobłażliwości i wyrozumiałości. Wszelkie obowiązki go przerażają, więc najchętniej przerzuca je na kobietę, która zwykle podejmuje decyzje i zajmuje się codziennymi sprawami.

Ojcowie są z reguły nieobecni.

Powiem więcej: mężczyźni są nieobecni – ogromnie brakuje wzorców męskich. Ojciec jest nieobecny w domu, politycy nie budzą zaufania, hierarchowie kościelni też nie za bardzo, generałowie zniewieścieli. Szkoła też jest sfeminizowana. Nie ma wzorów w filmach i serialach. Polski katolicyzm sprawia, że mamy więcej kobiecego pierwiastka kulturowego. Nasz kraj ma zdecydowanie żeński charakter. Kobiety mają dużo silnych wzorców kobiecych, łącznie z kultem maryjnym. Natomiast mężczyźni w religii nie mają wzorców męskich. Liturgia w Kościele ma charakter żeński, kult maryjny ma charakter żeński, księża to są mężczyźni w sukienkach. W krajach zachodnich księża chodzą w garniturach i koloratkach. Inaczej mówiąc: od strony kulturowości nie dochodzą wzorce męskie.

A jakie pan miał wzorce?

Bardzo silne. Miałem ojca, który był bardzo wyrazisty, miałem wujków, stryjków. Później miałem szczęście do nauczycieli płci męskiej. W domu panował kult munduru, wojskowych przodków. Gdy miałem siedemnaście lat, już byłem w wojsku. Teraz wojsko przestało być atrakcyjne. Chłopak „zastępczą służbę" odbył już w Internecie, trenując na licznych grach wojennych.

Wielką winę w kształtowaniu niedojrzałych mężczyzn ponoszą nadopiekuńcze matki, które niczego nie wymagają, a na dodatek nie wyciągają wobec chłopców żadnych konsekwencji za niewypełnione obowiązki, nawet te ograniczone do minimum. I w dodatku wysyłają sprzeczne komunikaty. Mówią mu: „Bądź męski, mężczyzna nie płacze, mężczyznę nie boli". A za chwilę: „Masz być dobry i czuły dla kobiet". To nie zawsze jest do pogodzenia. Nadopiekuńcze matki odsuwają synów od ojca. To utrudnia rozwój męskości.

I tak rozwija się mężczyzna zniewieściały i dziecinny. A to z kolei oznacza, że będzie coraz mniej atrakcyjny dla kobiet. Ona może obniżyć poprzeczkę, związać się z nim, ale prędzej czy później zacznie żyć swoim życiem. On będzie i tak na uboczu. Dla niejednego to, że ma dom i michę, to już szczyt zadowolenia. Z rąk mamuśki przeszedł do mamuśki bis. Różnica jest tylko taka, że dochodzi seks. I dla nicgo to pełnia szczęścia. Nie będzie sobie zawracał głowy, czy jest atrakcyjnym modelem męskim.

Gdzie podziała się ta tradycyjna męskość?

Kurczy się, bo nie ma warunków do rozwoju. Tradycyjna męskość może być wtedy, gdy druga osoba ją akceptuje. Znam takie związki, w których kobieta w pełni akceptuje tradycyjny podział ról. I to funkcjonuje. Ale zaczyna stanowić niszę. Powszechny staje się model partnerski, zresztą nierzadko narzucony mężczyźnie poprzez modę.

Jest pan przeciwny partnerstwu w związkach?

Nie, ale trzeba sobie uświadomić, że nie każda kobieta i nie każdy mężczyzna nadaje się do takiego typu związku. I nie trzeba ich do niego zmuszać tylko dlatego, że modnie jest powiedzieć: „Tworzymy związek partnerski". Jeśli weźmiemy parę, która ma niski pułap wymagań wobec siebie, to łatwiej jej osiągnąć poziom zadowolenia. Jeżeli mężczyzna potrafi przybić deskę, rozpalić grilla, popchnąć zepsuty samochód, i oboje są zadowoleni, to niech sobie tak żyją szczęśliwie. Po co im podwyższać poprzeczkę?

W udanym związku partnerskim wszystko zależy od tego, na ile kobieta rozumie świat męski. Jeśli widzi, że on chce być samcem alfa i wchodzi w układy rywalizacyjne, żyje pracą, awansami, chce mieć dużo do powiedzenia, może mu to trochę ułatwić, odgrywając rolę kobiety, której to nie przeszkadza, która właśnie tak sobie wyobraża ich związek. To – wbrew pozorom – jest bardzo istotne. Tak więc to, czy partner czuje się prawdziwym mężczyzną w partnerskim związku, zależy w dużej mierze od mądrości i intuicji partnerki. Obserwuję jednak, że bycie prawdziwym mężczyzną coraz częściej sprowadza się jedynie do łóżka. Pacjentki w moim gabinecie bardzo często przyznają: „Daję mu się wyszumieć w łóżku, bo tylko tam może". W życiu codziennym takiego związku kobiety wszystkim sterują same.

I doskonale sobie radzą. Jemu pozostawiają łóżko, niech się tam wykaże, i wystarczy. Seks jest więc często jedyną enklawą, gdzie mężczyzna może pokazać, kim jest. Jemu też może dawać to satysfakcję. „Jestem prawdziwym mężczyzną, bo moja kobieta jest ze mnie zadowolona, doprowadzam ją do satysfakcji, czasami zrobię jakiś skok w bok, co ma potwierdzić moją sprawność erotyczną". Jeszcze trochę powymądrza się na tematy polityczne, pokłóci się z innymi, którzy mają odmienne przekonania, i poczucie męskości ma całkowicie zaspokojone.

Polska dopiero kieruje się w stronę kultury, która dominuje w krajach zachodnich, z jej równouprawnieniem i partnerstwem. Kiedyś funkcjonował pogląd, że wszyscy będziemy unisex. Nie do końca się z tym zgadzam. Mózg mężczyzny różni się od mózgu kobiety, okoliczności życiowe się zmieniają. Bardzo dużo zależy od warunków ekonomicznych. Jeśli przyjdzie kryzys finansowy, to będzie jeszcze większa rywalizacja, walka o pracę, o znaczenie. I wtedy mogą się zaostrzyć relacje między płciami. Nie wróżę jednak niczego pesymistycznego. Sądzę, że każdy model męskości i kobiecości zgodnie z naszą naturą znajdzie sobie miejsce w życiu społecznym. Owszem, proces maskulinizacji kobiet jest faktem, niewieścienia mężczyzn jest faktem, ale nawet gdy mam się powołać na badania, do których mam duży dystans, wynika z nich, że większość populacji męskiej i kobiecej jest androgeniczna, czyli współistnieją w nich cechy męskie i kobiece. Współczesny model wychowania sprawia, że częstość androgynii rośnie właśnie u mężczyzn. Wynika to także z feminizacji zawodów pedagogicznych.

Pani w przedszkolu i w szkole nagradza chłopców za bycie grzecznym i inne typowo dziewczyńskie zachowania, sprzeczne z chłopięcą naturą.

Przez cały proces edukacyjny chłopcom dostarcza się wiele wzorów kobiecego myślenia i zachowania. Są oni, tak jak pani wspomniała, nagradzani za rozumienie i okazywanie bliskości światu kobiecemu. Wiele danych naukowych mówi o tym, że przystosowaniu do życia społecznego towarzyszy feminizacja mężczyzn. Inaczej mówiąc: im większa feminizacja mężczyzny, tym większe przypisuje mu się postawy altruistyczne i uzyskuje on więcej wzmocnień za swoje zachowanie. Natomiast tradycyjna męskość uzyskuje mniej nagród w kwestii przystosowania społecznego.

Mózg mężczyzny różni się od kobiecego. Jakie to ma konsekwencje dla naszych relacji?

Przede wszystkim trzeba sobie uświadomić, że w ogóle męskość jest czymś innym niż kobiecość. Z badań nad mózgiem wiemy o coraz większej liczbie różnic między płciami, i trzeba to uwzględniać we wzajemnych relacjach. Np. prosta sprawa, która wielu paniom się nie podoba i staje się pretekstem do awantur. Otóż jeśli mężczyzna patrzy na kobietę, to od pierwszej chwili jest ona dla niego obiektem erotycznym. W kilka milisekund on wie, czy chciałby się z nią przespać, czy nie. To dotyczy każdego, podkreślam – każdego mężczyzny. Tak po prostu reaguje męski mózg i tego nie da się zmienić. Jeżeli on zwraca uwagę na inne kobiety w sposób demonstracyjny, to jego partnerka czuje się zaniepokojona. Chciałaby, żeby takich reakcji nie było. To jest niemożliwe: on jest zaprogramowany na patrzenie, jest myśliwym. Panowie są wzrokowcami i reagują natychmiast. Co jednak nie znaczy, że gdy kobieta mu wpadnie w oko, on od razu pójdzie z nią do łóżka. Oczywiście, że nie. Ale ta pierwsza ocena zawsze będzie skupiać się na atrakcyjności erotycznej kobiety. I panie powinny o tym wiedzieć, i pogodzić się z tą reakcją.

Czy mężczyzn pociąga u kobiet tylko atrakcyjność fizyczna?

W znacznej mierze, ale nie tylko. Posłużę się przykładem. Pacjent w gabinecie opowiada mi historię bardzo udanego związku i okazuje się, że partnerka w ogóle nie była w jego typie. Na początku nie zwrócił na nią uwagi, chociaż pracowali w jednym pokoju. W miarę jej poznawania odkrył u niej wiele cech niesłychanie atrakcyjnych. Z typowych kolegi i koleżanki z pracy zrodził się udany związek oparty na przyjaźni i namiętności. Taka droga jest możliwa. Ale bądźmy realistami. Głównie decyduje czynnik zewnętrzny. To jest ta pierwsza iskra, pierwsze zainteresowanie. I ten pierwszy kontakt albo będzie miał kontynuację, albo zakończy się fiaskiem. Powierzchowność ma ewolucyjnie duże znaczenie, bo pierwotny pociąg i namiętność oznaczają sukces reprodukcyjny. Iskrzenie mówi o pociągu fizycznym. To znak, że ewolucja reprodukcyjna widzi „perspektywę rozmnożenia się" tej pary. To tyle i aż tyle. Że nie będzie wad genetycznych, że nie będzie alergii na nasienie, że w ogóle biologicznie do siebie pasują, ponieważ w związku nie tylko chodzi o potomstwo, ale o wspólne życie w harmonii. Ale uwaga! Zbyt szybkie pójście do łóżka nie jest dobre. Bo często powoduje zawiązanie związku, który nie ma szans. Namiętność przesłania cechy, które za jakiś czas nieuchronnie rozsadzą związek. Pierwsza reakcja nie jest dobrym prognostykiem dla relacji. Nie radzę się na niej fiksować. To jest po prostu wstęp do czegoś.

Dla mężczyzny nie mają znaczenia wykształcenie czy pozycja zawodowa kobiety. To na niego nie działa w warstwie erotycznej, nie jest afrodyzjakiem. Ileż to razy słyszymy zdumienie zdradzonych kobiet: „Przecież ona jest taka głupia!". Może i głupia, ale dla niego atrakcyjna fizycznie. Seksu nie uprawia się z mózgiem.

Co najbardziej pociąga mężczyznę w zachowaniu kobiety w tej pierwszej fazie fascynacji?

Dla mężczyzny ważne jest, że to, co się z kobietą dzieje, wywołał on i tylko on. Że ona nie jest taka dla wszystkich, tylko dla niego. Chce mieć świadomość, że jako facet jest dla niej kimś wyjątkowym. Jeżeli był świadkiem podobnych zachowań wobec innych mężczyzn, nic z tego nie wyjdzie. Musi mieć poczucie, że wywarł na niej silne wrażenie. A z tym się wiążą kody erotyczne. Udo, kolano, poprawianie włosów, wypinanie piersi. Cała mowa ciała. I podziw w oczach.

Bardzo łatwo to udawać. Mężczyźni dają się na to złapać?

Tak. Kobiety są aktorkami od urodzenia. Mały przykład. Moja wnuczka ma rok i dwa miesiące. Już spostrzegam u niej nieświadome, ale jakże kokieteryjne zachowania! Przechylanie głowy, wystawianie rączki, uwodzenie.

Aktorstwo kobiet najlepiej widać w tym, jak się ubierają. Niech kobieta zmieni trzy razy strój i każdy ponosi przez kwadrans. Suknię ślubną, strój sportowy i strój wieczorowy. W każdym z nich, nieświadomie, będzie się inaczej zachowywała. W każdej roli będzie inna. Dlatego zagranie uwodzicielki nie jest dla niej problemem. Panie są wyśmienitymi aktorkami. Tylko muszą się strzec, bo niektórzy mężczyźni też potrafią być dobrymi aktorami.

No właśnie, co się dzieje, gdy się spotka aktor z aktorką?

Grają oboje. I jest to jedna z podstawowych barier powstania dobrego związku partnerskiego. Wynika z niedojrzałości, strachu, Bóg wie, czego jeszcze. Przyczyna tej gry tkwi głęboko i opiera się na założeniu: „Nie odkryję się przed nim (nią)", „nigdy się nie dowie, dlaczego mi się podoba", „niech zobaczy, jaka (-i) jestem wspaniała (-y), chociaż wcale taka (-i) nie jestem", „nigdzie nie znajdzie kogoś lepszego ode mnie".

Zaryzykuję twierdzenie, że większość ludzi gra określone role. Partner staje się odtwórcą narzuconej roli, obie strony grają, a poziom aktorstwa bywa różny. Czy potrzebnie? Partnerstwo seksualne powstaje w warunkach autentyzmu, wolności wewnętrznej, naturalności w kontakcie z partnerem. Ten, jak to nazywam „teatr seksualny", opiera się na wielu scenariuszach. Jeden z nich może np. się nazywać: „Kochamy się i jest nam razem cudownie". W wielu związkach nawiązanie kontaktu seksualnego motywowane jest miłością, a tymczasem chodzi o zwykłe rozładowanie napięcia seksualnego, przyjemność. Obie strony zaczynają mówić o wielkich uczuciach, a tymczasem sprawdzają, na ile łóżko procentuje w zaspokajaniu ich potrzeb seksualnych. Bywa i tak, że jedna strona jest przekonana o tym, że druga gra, ale udaje, że nie wie, o co chodzi. Inny scenariusz to: „Mój największy orgazm" – panie w ten sposób pragną dostarczyć satysfakcji partnerowi i pokazać swoją stuprocentową kobiecość. A ponieważ, jak już wspominałem, ich wrodzone zdolności aktorskie są niekwestionowane, w zasadzie tylko bardzo doświadczony mężczyzna może się zorientować, że orgazm jest udawany. Jedne kobiety odgrywają orgazm w sposób filmowy właśnie, podpatrzony w kinie. Inne podpytują przyjaciółki. O udawanych orgazmach można napisać książkę. Co ciekawsze, niektóre kobiety odnajdują przyjemność w takiej grze wprowadzania w błąd swojego partnera. Nie uważają tego za coś nagannego. W związkach rówieśniczych lub w takich, w których kobieta ma nieco więcej doświadczenia seksualnego, mężczyzna zdecydowanie jest bezbronny, bo nie potrafi ocenić ani stopnia zaangażowania kobiety, ani jej poziomu doświadczenia seksualnego czy w ogóle seksapilu. Wszystkie te elementy w czasie gry stają się „rzekome". Dlatego uważam, że prawdziwą bronią kobiecą nie jest seksapil, a właśnie uzdolnienia aktorskie, taktyka.

Jakie role odgrywają mężczyźni najczęściej?

Jest kilka typowych męskich scenariuszy. Np. jestem zakochany, zagubiony, pokrzywdzony i pragnę twojej miłości. A przecież wiadomo, że chodzi mu o romans. Inna typowa męska gra to okazywanie opiekuńczości, np. szefa wobec podwładnej; obiecywanie małżeństwa albo udawanie obojętności, co bardzo drażni kobiety. Specyfika gier męskich polega na tym, że panowie za ich pomocą usiłują sobie coś udowodnić, oszukując samych siebie. I tak np. mnożenie liczby partnerek ma udowodnić męskość. Istnieje także jeszcze jedna specyficzna gra teatru seksualnego: zasłanianie się alkoholem i twierdzenie: „Nie wiem, co się ze mną wtedy działo". Jest to o tyle wygodne, że w ten sposób można się wykręcać od faktów.

Bardzo szczególnym rodzajem teatru seksualnego jest udawanie partnerstwa. Kiedy obie strony traktują siebie pozornie z szacunkiem, są sobie pozornie bliskie i dzielą dużą intymność, a świat zewnętrzny jest odbierany przez nich jako daleki od MY. Okazuje się jednak, że rzeczywistość jest zupełnie inna: zarówno on, jak i ona dzielą się ze swoimi znajomymi szczegółami z życia intymnego i wysłuchują rad. W ten sposób partner jest stawiany w roli należącego do innego świata płci i można go traktować z dystansem, ironią. Można to nazwać brakiem kultury, nielojalnością, ale genezy tego, co się w takim związku dzieje, należy szukać w teatrze seksualnym.

Ale ten teatr musi mieć dobre strony, np. wtedy, kiedy przyjeżdża nielubiana teściowa i trzeba się do niej szeroko uśmiechać.

Wyobraźmy sobie rodzinę tradycyjną. Mężczyzna pracuje, utrzymuje rodzinę. Żona zajmuje się domem, dziećmi. On przychodzi, zjada kolację, mówi, że myślał o niej w pracy, co jest nieprawdą, i już mamy pewnego rodzaju aktorstwo. Ona też mu mówi: „Cały dzień myślałam o tobie". I obie strony mają się dobrze, zdając sobie sprawę, że grają pewne role, jak w filmie „Truman Show" [amerykański komediodramat z 1998 r. w reżyserii Petera Weira, z Jimem Carreyem i Edem Harrisem w rolach głównych, opowiadający historię mężczyzny, który nie wiedział, że całe jego życie to reality show codziennie oglądane przez widzów w TV i sterowane przez reżysera – przyp. red.].

Ale to powoli się zmienia. Kobiety wciąż grają, bo są poddane treningowi społecznemu – wystarczy wyjść na ulicę i poobserwować. Zmusza je do tego życie, konkurencja, rywalizacja między paniami. A mężczyźni nie. Dziś w modelu partnerskim bardziej się ceni autentyzm. A aktorstwa używa się na potrzeby ludzi z zewnątrz, np. w przypadku wizyty nielubianej teściowej on przybiera uprzejmy wyraz twarzy i cierpi w milczeniu, dla dobra sprawy. Ona także – wobec jego matki. Doceniają swoje aktorstwo, bo gdyby go nie było – doszłoby do wojny. Ale ceni się autentyzm, szczególnie u mężczyzn – on powinien być sobą w każdej sytuacji. Musi mieć odwagę cywilną i potrafić iść pod prąd.

W czym jeszcze mężczyzna diametralnie różni się od kobiety?

W gadaniu. On nie chce rozmawiać, unika rozmowy. Pacjent przychodzący do mnie wie, że ma godzinę na opowiedzenie o sobie. I w dziewięćdziesięciu procentach przypadków udaje mu się zmieścić historię swojego życia w... pięciu minutach. Mówi:

„To ja zacznę od początku...". I zaraz kończy. Już nawet przestałem się temu dziwić. Rzadko się zdarza, żebym siedział i słuchał mowy męskiej bite pół godziny. W przypadku kobiety często i godzina to za mało. A mężczyzna mówi tak: „Rodzice się rozwiedli, ojciec zdradzał matkę, matka zdradzała ojca i to wpłynęło na moje życie. Pierwszą dziewczynę miałem w takim a takim wieku". I koniec. Tak to mniej więcej wygląda. To jest jego długa opowieść. Męska lakoniczność jest cechą, z którą kobieta musi się pogodzić. Facet staje się gadułą dopiero pod wpływem alkoholu. Gadulstwo jest niemęskie. I to już od najmłodszych lat. W szkole on także za wiele z kolegami nie rozmawia. Ale gdyby chodził do szkoły żeńskiej i byłby jedyny w klasie, to stałby się prawdopodobnie tak samo gadatliwy jak kobiety. Jak jeden ze znanych polityków – gadałby i gadał, trudno byłoby mu przerwać. Ale on był wychowywany przez same kobiety.

Jaki największy problem mają mężczyźni z kobietami?

Jest taki program telewizyjny „Goło i wesoło", który polega na wplątywaniu mężczyzn w sytuacje śmieszne i zaskakujące. Np. stoi facet na przystanku, obok niego kobieta. Nagle wszystko z niej spada i zostaje naga. Ukryta kamera filmuje jego reakcję. W odcinku, który oglądałem, pokazywano reakcje różnych mężczyzn – eleganckich, przeciętnych, o wyglądzie intelektualistów, ale też typów spod ciemnej gwiazdy. Wszyscy oni reagowali na kobiecą nagość lękiem, wręcz przerażeniem, wstydem. I to jest największy męski problem, czyli prastary lęk przed kobiecą seksualnością. On jest nie do okiełznania. Panów podświadomie przeraża to, że chociaż fizjologia pozwala im w czasie aktu seksualnego bisować, to jednak kobieta potrafi to zrobić nieskończenie wiele razy. Ten lęk pojawia się za każdym razem, kiedy on zbliża się do niej. „Co będzie, jak się nie sprawdzę?"...

Mężczyźni są pod olbrzymią presją. Muszą stale udowadniać, że są sprawni, że mają erekcję. Mam wielu pacjentów, którzy przychodzą do mnie kompletnie załamani i przerażeni. Współżyją regularnie dwa, trzy razy w tygodniu. Raz mu się nie udaje. Przyczyna może być banalna: stres w pracy, zdenerwowanie, zmęczenie. No i wieczorem doszło do seksu i niewypał. Panowie opowiadają, że był to jeden z najgorszych dni w ich życiu! Nie traktują tego jako chwilowej słabości, tylko jako życiową kompromitację! Kobiety przeważnie nie zdają sobie sprawy z tego napięcia i popełniają mnóstwo błędów.

Na przykład jakich?

Z badań dotyczących kobiet w wieku do trzydziestego czwartego roku życia wynika, że co czwarta z nich zachowuje się prowokacyjnie. To ona inicjuje znajomość i seks. Moim zdaniem tych kobiet jest nawet więcej. Dla mężczyzn nieśmiałych to może być wygodne. Tylko że biologiczne ukierunkowanie mówi, że to on pierwszy reaguje na nią, to on chce doprowadzić do seksu. Inaczej mówiąc, w naturze znaczącej większości panów jest zdobywanie, pokonywanie oporu, bycie aktywnym. To działa na niego podniecająco, nawet w stałych związkach. Jeżeli partnerka go woła do sypialni, chce się kochać, to... wszystko opada. Z wyjątkiem związków młodych stażem, kiedy wszystko jeszcze jest rozbudzone. Jeśli kobieta zdobywa mężczyznę, chce go sama, może to dać efekt odwrotny. Panie się wyzwoliły, mają własne strategie uwodzenia i zdobywania. Niech jednak liczą się z tym, że nieraz nie dojdzie do niczego.

Przy okazji dyskusji o męskości często słyszę opinie ludzi o tym, że nie podoba im się to ciągłe mówienie o mózgu, że męski jest inny od kobiecego, że to przecież kultura nas kształtuje bardziej niż natura. Otóż uważam, że są w wielkim błędzie. Nasz mózg został ewolucyjnie uformowany przez miliony lat, a kultura to dopiero pianka na naszych osobowościach. Oczywiście, jako ludzie postępujemy często wbrew uwarunkowaniom biologicznym, wyposażeni w oręże kultury, religii, samoświadomości. I sam fakt, że mężczyzna może być monogamiczny, świadczy o tym, że można mieć normy i zasady wbrew ukierunkowaniu ewolucyjnemu. Ale ono gdzieś głęboko w nas tkwi i prędzej czy później się i tak ujawnia.

Jeśli w stałym związku nagle kobieta musi przejąć inicjatywę seksualną, radziłbym się zastanowić, jaka jest tego przyczyna. Bo to znaczy, że u niego zanika ochota na seks. Jeśli w ogóle przestał reagować na kobiety, to sygnał, że coś złego się z nim dzieje. Jeżeli natomiast kobiety nadal mu się podobają z wyjątkiem własnej partnerki, to na bank jest kryzys w związku. To jest prosty test. I gdy ona w takim układzie zacznie ujawniać inicjatywę, prowokować go np. seksowną bielizną, może być jeszcze gorzej. Powinna raczej zacząć od sygnałów pośrednich, a nie od erotycznego osaczania.

Mężczyzna wciąż jest pod presją. Lista wymagań kobiet jest dłuższa od litanii do Matki Boskiej. Praktycznie rzecz biorąc, trudno jest je zrealizować. On się musi sprawdzać we wszystkich dziedzinach: naukowej, biznesowej, menedżerskiej. Cały czas musi udowadniać, że jest świetny, i iść dalej i dalej. Obserwuję, co się dzieje z żonami moich współpracowników. Dla mężczyzn często to, co osiągnęli, jest wystarczające, natomiast dla ich partnerek często to za mało. „Bądź bardziej ambitny, pnij się do góry" – popędzają ich żony. To ma oczywiście swoje dobre i złe strony. Dobre, bo niejeden pan osiągnął sukces dzięki stymulacji swojej partnerki, która skutecznie potrafiła przeciwdziałać jego lenistwu. Ale może to być również destrukcyjne: wtedy, kiedy jego żona rywalizuje z przyjaciółką o to, która ma droższe futro albo mieszkanie w lepszej dzielnicy. Facet musi się więc zaharowywać, brać kredyty i je spłacać. Czasami obserwuję znajome pary, które żyją ze sobą bardzo długo. On jest bardzo aktywny zawodowo, dużo pracuje, dba o dom. Ale starzeje się i już nie daje rady. A jego partnerka potrafi go ośmieszyć w mojej obecności, że się zestarzał i nie daje rady. To dla mnie bardzo przykre i stresujące. Te kobiece wymagania: pracuj, zarabiaj, pomagaj w domu, zajmij się dziećmi i jeszcze mną w łóżku, mają bardzo smutne konsekwencje.

Muszę powiedzieć, że część kobiet jest wdowami z własnej winy. One potrafią mężczyznę po prostu zajeździć. To są fakty osobiście mi znane. Idę na pogrzeb, i oczywiście wdowa kreuje się na idealną żonę, matkę, kochankę, a na dodatek jeszcze w to wierzy. Tylko że ja wiem, jak to naprawdę wyglądało…

Często w moim gabinecie słyszę taką opowieść: on w weekend chce usiąść w fotelu i obejrzeć telewizję. Nie chce mu się nigdzie jechać, nigdzie wyjść. Dla partnerki jest to niepojęte, bo ją nosi, ona potrzebuje gdzieś być. I zamiast porozmawiać, dojść do kompromisu, mówiąc: „Tak, kochanie, w ten weekend siedź sobie w fotelu, pij piwko, oglądaj seriale, ale w następny pojedziemy do Kazimierza nad Wisłą i będziemy spacerować", ona stwierdza: „Skończyłeś się, nic ci się już nie chce". Kolosalny błąd. Mężczyzna w takim przypadku zamyka się w skorupie i odczuwa tylko niechęć do partnerki.

Czyli pozwólmy swoim ukochanym na nicnierobienie.

Pod warunkiem że z gruntu są aktywni. Od czasu do czasu niech nic nie robią. Gdy słyszę od kobiety narzekanie: „Przychodzi weekend i on nie chce wstać z łóżka, leży do obiadu", radzę: „Nie wyciągaj go z tego łóżka na siłę. Jego organizm wymaga regeneracji. Zrozum go i zaakceptuj". Panie niepotrzebnie odczytują takie zachowanie jako brak dbałości o partnerkę. Nie, to nie tak. On po prostu potrzebuje odpoczynku, i tylko tyle. Daj mu więc odpocząć.

I oglądaj z nim mecz, chociaż kompletnie nie interesuje cię piłka nożna?

Kobieta nie musi podzielać pasji, ale powinna ją rozumieć. Nawet jeżeli dotyczy najbardziej przez kobiet znienawidzonego boksu i żużla. W okresie godowym panie często stają się fankami nielubianej przez siebie dyscypliny. Znałem młodą dziewczynę, która przez pół roku udawała, że świata poza boksem nie widzi, chociaż wcześniej prędzej zapadłaby się pod ziemię, niż weszła na salę z ringiem. Siedziała w pierwszym rzędzie i kibicowała, głośno krzycząc. To się nazywa poświęcenie. Inna – może rozumieć jego pasję, ale nie chodzić z nim na mecze. W okresie tańca godowego radziłbym jednak podzielać pasje mężczyzny.

Rozmawiałam niedawno z trzydziestoczteroletnią wdową, której mąż był himalaistą i zginął w górach. Mówiła, że za każdym razem, gdy wyjeżdżał na wyprawę, miała nadzieję, że kiedyś wybierze ją, a nie zdobywanie szczytów. Po co taki mężczyzna zakłada rodzinę, skoro ta pasja jest silniejsza od potrzeby bycia z żoną, dziećmi?

Życie rodzinne to jedno, a pasja to drugie. A chciał mieć rodzinę, dzieci, żeby mieć przystań, choinkę podczas Bożego Narodzenia, dom itd. Są pasje – takie jak zbieranie znaczków – które nie szkodzą rodzinie. Ale jeżeli pasja jednego z partnerów bardzo go angażuje, może być postrzegana jako konkurencja dla życia rodzinnego. Wtedy takie pytania są słuszne.

Kobiety muszą się nauczyć żyć z pasją partnera silniejszą niż więź?

Jeżeli pasja jest ważniejsza od życia rodzinnego, kobieta może podjąć decyzję o odejściu, jeśli ma taką szansę. W przypadku gdy jest od niego uzależniona finansowo, ma małe dzieci i nie jest w stanie sama się utrzymać, niech nie podejmuje decyzji pochopnie. On sobie też zadaje pytania, co dalej. I pasjonat często także odchodzi. To dotyczy wszystkich pasji, naukowych i artystycznych też.

Na odwrót też to działa? Mężczyzna musi zaakceptować pasję kobiety?

Załóżmy taką sytuację: ona jest miłośniczką poezji Czesława Miłosza, chciałaby wieczorami dyskutować o interpretacjach jego utworów. Jeżeli jemu zależy, a nie jest pewny, czy zostanie zaakceptowany, niech nauczy się na pamięć kilku wierszy i poczyta sobie o autorze. Będzie lepszym partnerem w dyskusji i na pewno zobaczy błysk zainteresowania w oczach obiektu westchnień. Lecz jeśli cel zostanie osiągnięty, ona mu ulegnie, motywacja spada. I mężczyźnie trudno będzie udawać entuzjazm wobec poety.

Rozdział II.

Między Casanovą a Pieszczochem

Rozdział II.

Panowie i miłość dla zabawy / Eksperci, Sportowcy i Ignoranci / biedne żony Casanovy / erotyczna chemia a hormony / kochanki liczone w setkach / tajemnica wzajemnej rywalizacji / mity o męskich „wielkościach" / seks w cieniu temperamentu

Czy to prawda, że każdy mężczyzna kocha inaczej?

Tak, i dlatego można wyodrębnić kilka rodzajów kochanków. Różne kultury sprzyjają różnym ich modelom: w jednej są oni bardziej agresywni, w drugiej – mogą być opiekuńczy.

A w naszej?

Są tacy i tacy. Stworzyłem typologię kochanków. Typ szalenie często spotykany to Sportowiec. Ceni sobie rachunki, liczy partnerki. Ma pewny siebie wyraz twarzy i oczy myśliwego. Czasami wystarczy mu tylko świadomość, że kobieta jest gotowa mu ulec. Wtedy wcale nie musi posuwać się dalej. Ba, nawet mu się nie chce. Traktuje seks jako zabawę i sport właśnie. „Wczoraj zaliczyłem niezłą panienkę" – to najczęstsze zdanie, jakim rozpoczyna rozmowę z kolegą. Poczucie męskiej atrakcyjności buduje na liczbie zdobytych kobiet. Im więcej, tym lepiej.

Jaka była największa liczba, jaką pan usłyszał?

Pięćset.

Niewiarygodne!

Na pani robi to wrażenie, na mnie nie, bo w jego wykonaniu były to najzwyklejsze spotkania genitalne. Jeżeli sobie wyobrazimy, ile można mieć kontaktów seksualnych w tygodniu, to ta liczba nie jest – wbrew pozorom – taka oszałamiająca. Jeśli dwa, trzy razy Sportowiec chodził do agencji, poza agencją miał jeszcze inne kobiety, to szybko mu się uzbierało. Dla takiego typu mężczyzn kobiety są tylko obiektem erotycznym do uprawiania seksu. Uczucia się u nich nie pojawiają.

Lepiej, żeby się głośno nie przyznawał do swoich osiągnięć.

Tak, szczególnie przed kobietami. Bo żadna nie jest w stanie znieść takiej liczby poprzednich partnerek. Zwłaszcza kiedy Sportowiec się naprawdę zakocha i zechce się związać z wybranką, powinien absolutnie milczeć na temat swojej bujnej przeszłości.

Z jakim problemem przyszedł do pana Sportowiec? Zgaduję, że były to zaburzenia erekcji?

Tak, w końcu się pojawiły. Mężczyźni mający dużo partnerek przychodzą albo z zaburzeniami erekcji, albo dlatego że nie udaje im się związek. Sportowiec nie potrafi się poruszać w stałej konfiguracji, nawet jeżeli bardzo chce. Nie jest w stanie porzucić nawyku łatwego wchodzenia w relacje z innymi kobietami, patrzenia na nie na ulicy, zaczepiania. Tylko tyle, ale robi to nagminnie. Jego partnerka tego nie toleruje. On jest zaskoczony i zdziwiony taką reakcją. Kiedy związek się rozpada, nie wie, co złego zrobił, przecież jej nie zdradził. Sportowiec jest niedojrzały. Podobnie jak Don Juan, podtyp Sportowca. Różnią się oni tylko tym, że ten pierwszy musi sobie udowodnić swoją męskość i ciągle się sprawdzać. A Sportowiec nie – on sobie po prostu zalicza, a konto rośnie. Im więcej takich kontaktów, tym jego poczucie własnej atrakcyjności erotycznej rośnie. Partnerka Sportowca jest właściwie widzem jego seksualnych wyczynów, mają ją one olśnić i przekonać do tego, że trafiła na mężczyznę – prawdziwy skarb.

Kobiety lubią Sportowców?

Tak, bo dzięki ogromnemu doświadczeniu oni wiedzą, który guzik w kobiecie nacisnąć, żeby sprawić jej przyjemność. Chyba że Sportowiec przeholuje i sprowadzi partnerkę do roli fantomu jego seksualnych ćwiczeń, dzięki któremu będzie można poszerzyć zbiór swoich wyczynów i rekordów. Wtedy związek będzie zdominowany przez seks i JA, a druga strona staje się przedmiotem manipulacji i źródłem potwierdzenia podziwu da samego siebie. To skrajna forma narcyzmu. Wizja erotyzmu u takiego Sportowca jest podporządkowana kryterium przyjemności i biologii. Dlatego taki typ żywi głęboką niechęć do wszelkich rozważań na temat psychologii, omija z daleka książki, sprawy, które mają coś wspólnego z głębszą refleksją o człowieku, partnerstwie czy etosie seksu. Jego wzrok zatrzymuje się jedynie na ilustracjach, zdjęciach pokazujących techniki seksualne, wszelka myśl humanistyczna jest mu obca. Sportowiec realizuje się jedynie w seksie i konsumpcji życiowej.

Jego przeciwnikiem jest pożeracz książek: następny typ męskiego kochanka, którego nazwałem

Ekspertem. To taki „naukowiec” albo wręcz „ginekolog praktyk”. Nastawiony wobec kobiety badawczo. Chce zrealizować na sobie wszystkie seksualne ciekawostki, o których gdzieś przeczytał. Chce zobaczyć, jak to w praktyce wygląda. Dowiedziawszy się, że panie mają punkty G, szuka ich zawzięcie. Przeczytał o pozycjach seksualnych gwarantujących dobrą wymianę energetyczną – natychmiast jest gotowy, by je sprawdzić. Trenuje seks tantryczny, tao, kamasutrę.

Brzmi fajnie.

Owszem, jeżeli znajdzie partnerkę także Ekspertkę, może być ciekawie. Problem polega na tym, że takich kobiet jest niewiele. Poza tym ten typ kochanka nie zwraca uwagi na emocje, uczucia odbiorczyni, ogranicza się do spraw anatomiczno-technicznych. Ale też Ekspertów jest zdecydowanie mniej niż Sportowców, bo ich działalność jest... czasochłonna.

Następnym typem jest Gość. Odwiedza kobietę wtedy, kiedy chce. To typ mający przeważnie długoletnią stałą kochankę. Z wyprzedzeniem zapowiada wizytę. Od partnerki wymaga odpowiedniego przygotowania, zarówno siebie, jak i otoczenia. Ona musi przyrządzić kolację, kupić wino, zapalić świece i być skąpo odziana. Gość jest przekonany, że w tym charakterze jest mile widziany. Zresztą instytucja Gościa istniała kiedyś w tradycyjnych związkach w kulturze anglosaskiej, gdzie mąż i żona mieli oddzielne sypialnie i on przychodził do niej „w gości”. To był dość powszechny model.

Gość zachowuje się jak udzielny książę.

Nie do końca. To tylko egoista, myśli tylko o sobie. Jego współżycie seksualne zależy od widzimisię. Może przez kilka miesięcy nie dotykać partnerki bez podania przyczyn, bo mu się po prostu nie chce. W związku narzuca swoją wizję świata.

Natomiast prawdziwym „zarządcą" kobiety jest typ Pana i Władcy. Taki mężczyzna mówi partnerce: „Jestem twoim właścicielem. Masz być podporządkowana i uległa, bo ja tu rządzę". I rządzi – decyduje właściwie o wszystkim. O wspólnych wyjściach, zakupach, wyjazdach, o tym, kiedy pójdą do łóżka i co będą w nim robić. Jego relacja z kobietą przypomina trochę sponsoring. Zwłaszcza że ten typ ma poczucie, jak bardzo kobieta jest mu wdzięczna za to, że to ją właśnie wybrał.

A jaką kobietę wybiera Pan i Władca?

Taką, która czuje się mało atrakcyjna, zakompleksiona. Mężczyzna wykorzystuje to, że kobieta jest mu wdzięczna za samą uwagę, jaką jej poświęca. I robi to, co on chce. Sprząta mu, gotuje, nie przeszkadza, znika, kiedy on nie ma ochoty z nią być, zgadza się z nim we wszystkim. A on – nie robi nic.

Okropna relacja.

Owszem, ale czasami w stałym związku może się udać, jeżeli kobiecie odpowiada rola Kopciuszka, zapatrzonego w Pana i Władcę. Widziałem całkiem udane związki oparte na takiej zależności.

Gorzej jest z innym typem. To niedokształcony Ignorant. Jego wiedza na temat seksu i postrzegania kobiety sprowadza się do tego, co zobaczył w pornografii. Do tego dorzuca jeszcze trochę stereotypów: „Każda kobieta chce, żeby on ją wziął siłą", „Wielkość nosa świadczy o wielkości narządu" – i ma gotowy obraz rzeczywistości, kobiety, mężczyzny i ich wzajemnych relacji. Nie ma pojęcia ani o fizyczności kobiety, ani o jej psychice.

W jakich sytuacjach trafia do pana Ignorant?

Przychodzi, kiedy znajdzie się w sytuacji podbramkowej. Kiedy np. partnerka mu wykrzyczy: „Niczego nie wiesz o kobietach", „Nie wiesz, jak się kochać" i „Nigdy nie mogłeś znaleźć mojej łechtaczki!".

Przypomina to kwestie z serialu „Seks w wielkim mieście".

Ale problemy panów z odnalezieniem łechtaczki wcale nie są takie zabawne. Kiedyś niewiedza o niej była powszechna. Miliony mężczyzn w kulturze europejskiej przez wychowanie w kompletnej ignorancji na tematy płci, przez wiarę katolicką, która z seksu robiła grzech, nie wiedziały, że taki narząd w ogóle istnieje. Doprowadziło to do sytuacji, w której wiele pokoleń kobiet w ogóle nigdy nie odczuwało satysfakcji seksualnej.

Ignorant w XXI wieku zapyta: „Panie profesorze, to gdzie ja właściwie mam jej szukać?".

Typ Ignoranta to na szczęście kurcząca się populacja, oni są zmuszeni do uczenia się. Jeżeli przychodzi jako pacjent, to jedną z form, od której się zaczyna, jest edukacja. Zalecam mu konkretne lektury albo film edukacyjny. I to pomaga. Jeżeli ma dalsze pytania, rozmawiamy jeszcze w gabinecie. Zdarza się, że kiedy rozpoczyna nowy związek, przychodzi kolejny raz, żeby się poradzić, jak ma postąpić w konkretnych sytuacjach.

Wyedukowany Ignorant ma więc szansę na udany związek?

Oczywiście, tym bardziej że on zwykle szybko nadrabia zaległości. Może się tak rozsmakować w spełnianiu oczekiwań kobiety, że zmieni się w Pazia. Kobieca wersja tego typu to Kobieta Bluszcz. Mężczyzna w roli Pazia królowej nastawiony jest w stu procentach na nią, swoją panią. Jego królowa ma być nieustanie obsługiwana, ma jej „zrobić dobrze". I jest nieustannie na to ukierunkowany.

A ona – królowa?

Niestety, najczęściej go nie kocha. Paź wchodzi w relacje miłości nieodwzajemnionej. On jest szalenie zakochany, a ona nie. Ale łaskawie wpuściła go do swojej sypialni. I on za to jest jej bardzo wdzięczny. I chce, żeby ten związek trwał i trwał. Co więc robi Paź? Nieustannie udowadnia swoją przydatność i robi wszystko, czego ona chce. Miałem kiedyś znajomego, który był w takim związku pięć lat. Jego partnerka ewidentnie i z premedytacją korzystała z jego miłości. A on był szczęśliwy, że dopuszczała go do siebie.

Mężczyzna w roli Pazia może funkcjonować bardzo długo, zdarza się, że całe życie. I może być bardzo szczęśliwy. Dla jednego z moich pacjentów utrzymanie małżeństwa było życiowym priorytetem, ponieważ ogromnie przeżył on rozpad małżeństwa swoich rodziców. Z trwałości związku uczynił główny cel swojego życia. Jego żona zorientowała się szybko w jego motywacji i zaczęła podwyższać poprzeczkę wymagań za cenę pozostania w małżeństwie. I on w to wszedł.

Ale czy Paź nie ma swojej ciemnej strony?

Może mieć, bo czasami mężczyzna staje się Paziem, mimo że kiedyś nim nie był. Na przykład wtedy, gdy zdradził. Mój inny pacjent miał z tego powodu wielkie poczucie winy. Partnerka wprawdzie mu przebaczyła, ale pod jednym warunkiem: zmieniamy relację. Teraz ona jest „górą" i ma już tak pozostać do końca życia. On będzie odpokutowywał zdradę, w ten sposób wynagradzając wiarołomność. Ten związek może przetrwać tylko wtedy, gdy on będzie odgrywał rolę Pazia. W innym przypadku ona odejdzie. Jemu bardzo zależy, dlatego trwa w tej grze.

I nigdy już nie obejrzy się za inną kobietą...

Tak, będzie się bardzo pilnował. Ale to i tak nie do końca mu pomoże: Księżniczce może się znudzić uległość Pazia: seksualna i każda inna. Przestanie być dla niej atrakcyjny, a zacznie być nawet wstrętny. Więź seksualna przestanie istnieć, bo im bardziej on się stara, tym bardziej jest jej obojętny.

Co się dalej z nimi dzieje?

Ona znajduje sobie innego Pazia, a on inną Księżniczkę. Okazuje się bowiem, że długotrwałe granie określonych ról w związku jest trudne do przeskoczenia.

Może następny typ będzie weselszy?

O tak, bo to Casanova – przyjaciel kobiet. W tradycji jest postrzegany jako starzejący się łajdus, który uwodził kobiety i z tego żył. A później, gdy się zestarzał i został zatrudniony jako bibliotekarz w zamku, zostały mu tylko wspomnienia. Niezależnie od tego, jaki był ten prawdziwy Giacomo Casanova, mówię teraz o archetypie kulturowym. On lubi kobiety, uwodzi je. Ale – uwaga! – chce, żeby było im dobrze. I pomaga im. Nierzadko w moim gabinecie obserwowałem takie sceny: siedzi mężczyzna, odbiera telefon. I co się okazuje? Że dzwoni jego dawna kochanka i prosi o pomoc, bo właśnie złapała kapcia! On rzuca wszystko i biegnie jej na pomoc. Nawet wtedy, gdy ona jest już w związku z kimś innym. Casanova jest cały czas przyjacielsko do niej nastawiony i wciąż, mimo upływu lat i nowych podbojów, czuje do niej sympatię. To jest typ mężczyzny, który dba, żeby kobiecie było dobrze w łóżku, dba o nastrój, chce, żeby ona była uszczęśliwiona. Wie, że sztuka miłosna musi być dopasowana do partnerki, i on jest cały czas jej kochankiem, ale przede wszystkim przyjacielem.

Biedna żona Casanovy.

Mam dla niej dobrą i złą wiadomość. Dobra to taka, że zawsze będzie również i jej przyjacielem, zawsze zadba o nią. A zła jest taka, że będzie przyjacielem także wielu innych pań.

I będzie miewał z nimi rozliczne romanse?

Niekoniecznie. Może, ale nie musi. Jeżeli Casanova ma udany seks z tą żoną, czuje się dobrze w związku, to nawet jeżeli miewa romanse, nie wpłynie to na jego stały związek. On się nie rozwiedzie i co najważniejsze – swojej kochance (lub kochankom) daje uczciwy sygnał: „Moja żona jest dla mnie najważniejsza". Nawet jeżeli kochanka powie: „W takim razie odchodzę", Casanova doprowadzi do tego, że rozstaną się po przyjacielsku. To wielka sztuka i kobiety to doceniają. Lubią ten typ mężczyzn, bo on jest nastawiony „na nią". I *Last but not least* – Casanova potrafi słuchać, a umiejętność ta jest bardzo niedoceniania przez pozostałych panów. W łóżku po dobrym seksie również następuje świetna rozmowa.

Z reguły ten typ wychowywał się w domu, w którym nie zaspakajano do końca jego uczuć – miał deficyt przede wszystkim uczuć matczynych. Ten brak mógł się przełożyć na to, że w dorosłym życiu stale poszukuje tych emocji i stara się je znaleźć w różnych kobietach: szuka akceptacji uczuciowej, więzi i trudno mu stworzyć stały związek. Casanova traktuje swoje romanse jako zaspokojenie pasji badawczej w celu zgłębienia tajemnic kobiecości, które są dla niego bardzo pociągające. Mężczyzna w tym typie potrafi stworzyć udany, dobry związek, pod warunkiem że znajdzie swój ideał kobiety, i ona właśnie zostanie jego żoną, albo... w ogóle zrezygnuje z szukania ideału kobiety. Zdobyte doświadczenie pomoże mu w tworzeniu wartościowych relacji i wzajemnego porozumienia. Ale, żeby dochować wierności i być względnie stały w uczuciach, musi wykonać ogromną pracę nad sobą – uświadomić sobie, że stałość i wierność jest równie atrakcyjna jak poszukiwanie ideału. Nie wszystkim Casanovom się to udaje....

Absolutnym jego przeciwieństwem jest Nieudacznik. Mężczyzna może się nim stać z różnych przyczyn. Może cierpieć na przedwczesny wytrysk. Może bardzo chcieć usatysfakcjonować partnerkę, ale nie potrafi. Prosty powód – jeżeli chce się pobudzać strefy erogenne, trzeba mieć wyczucie siły dotyku. Jeśli mężczyzna ma spracowane grube dłonie czy popękane palce, nie będzie miał w nich dobrego czucia. Sprawi partnerce ból. Często słyszę w gabinecie: „To dobry człowiek, ale całkowita pomyłka w sprawach seksu".

Nieudacznik jest niewyuczalny?

Zdarzają się tacy ludzie. Nawet jeżeli jakaś kobieta chce go nauczyć seksualnej finezji, czasami się nie udaje. No tak, ale nie wszyscy mogą być kierowcami rajdowymi albo dobrymi tancerzami. I z seksem jest podobnie.

Wymienione typy partnerów rzadko istnieją w swojej czystej formie, najczęściej współistnieją dwa lub trzy i zachodzą na siebie – dwa lub trzy typy można znaleźć w zachowaniu jednego przypadku. Zdarza się również, że dany mężczyzna przybiera różne twarze w zależności od typu partnerki, z którą jest. Wobec tego o jego przynależności do jednego typu nie decyduje jedynie środowisko, wychowanie, obraz własnej męskości, poziom dojrzałości, ale także wpływ partnerki. Typ partnera jest w pewnym sensie odpowiedzią na zapotrzebowanie kobiet. Z badań wynika, że najbardziej pożądanym partnerem jest typ przyjaciela, mężnego, umiejącego nawiązać dialog, zdającego sobie sprawę z różnic płciowych, nastawionego na wzajemną otwartość. Wiele rozczarowań pań wynika z tego, że ich partnerzy zamykają się zbyt szczelnie w kręgu własnej męskości i niechętnie ją przekraczają. A warto, zapewniam panów.

W klasyfikacji, o której pan mówi, wciąż napotykamy kwestie kulturowe – a to wychowanie, a to edukacja, a to religia. A co z hormonami?

Ma pani rację – chemia to ważny parametr. Jeśli pod tym kątem przyjrzymy się mężczyznom, klasyfikacja jest następująca: pierwszy typ to Macho – uzależniony od testosteronu. Panowie mający wysoki poziom tego hormonu przeważnie są agresywni, impulsywni i popędliwi. Również w zakresie seksu. Dążą więc do dominacji. To może się utrzymywać dopóty, dopóki poziom testosteronu będzie wysoki.

U Rycerza albo Dżentelmena decydującym hormonem będzie wazopresyna. Mężczyzna zachowuje się w sposób nieskazitelny wobec kobiet. Nie skrzywdzi, ma zasady i honor.

Pieszczoch z kolei naprawdę bardzo lubi pieszczoty, bo jest wypełniony oksytocyną. To hormon więzi, uczucia. Ten typ często całuje na „do widzenia", na „dzień dobry". Przytula się, obejmuje partnerkę. Dużo jest w nim czułości. Jeżeli znajdzie dziewczynę, także Pieszczoszkę, może im być razem bardzo dobrze. Każdy z wymienionych wcześniej hormonów ma u panów wpływ na seks i występuje w różnych ilościach. Jeśli zmniejszymy poziom testosteronu u mężczyzny, który ma go w dużej ilości, zmieni się także jego zachowanie.

Czyli Macho może w takim przypadku zmienić się nawet w Pieszczocha?

Teoretycznie tak. Przewiduję, że w przyszłości będzie się tym manipulować. Kiedyś przyszła do mnie para, której bardzo zależało na uratowaniu związku. Sprawa była trudna. Z niego był nieprawdopodobny babiarz, miał masę kochanek: wszystkie pomoce domowe, sekretarki, asystentki. Ale nie był uzależniony od seksu. Oprócz tego był agresywny. Prowadził duży biznes, wszystko trzymał żelazną ręką, wrzeszczał, potrafił z miejsca kogoś wyrzucić z pracy. Miał po prostu duży poziom testosteronu i wielkie potrzeby seksualne. Na ich prośbę zmniejszyłem mu farmakologicznie poziom hormonu. I nastąpiło kompletne zaskoczenie dla obojga, ale bardziej dla niej. Stał się kompletnie kim innym: był łagodny i spokojny. To tylko mały przykład na to, że gdy w przyszłości dojdzie do manipulacji biochemicznej, neurofizjologicznej, pojawią się możliwości zmiany typów męskości.

Czy para, o której pan mówi, jest szczęśliwa po tej zmianie?

On na pewno się uspokoił. Ale czy to dało im szczęście? Nie wiem. Jego partnerka miała poczucie, że ma do czynienia z kimś innym, więc trzeba było potem zaproponować wspólną psychoterapię.

Kolejny rodzaj to typ Kobiecego Mężczyzny, z wysokim poziomem estrogenu, prolaktyny. On ma predyspozycje do łagodnych, uczuciowych, kobiecych zachowań. Cechują go zmienne nastroje. Nie chce dominować, rywalizować. Jest ustępliwy. Jeżeli kobieta jest bardziej męska, może mieć z takim mężczyzną udany związek. Gorzej, jeśli będzie wymagała, żeby był bardziej męski.

Wtedy niech poszuka sobie Wojownika, na którego duży wpływ ma kortyzon. On często walczy i tak postrzega życie. Nierzadko samo życie go do tego zmusza, nie tylko cechy charakterologiczne. Mam pacjentów Wojowników, którzy mają np. firmę i konkurenci ich oszukują. Wówczas ten typ zachowuje się tak, jakby całe życie spędzał na froncie. Jeżeli te wszystkie stresy zawodowe zabiera ze sobą do domu, jest źle. Seks będzie rzadki, nieudany. On w łóżku nie zaszaleje. Podczas weekendu będzie też myślał o pracy, a nie o igraszkach. Niektórym się udaje to oddzielić, ale takich Wojowników jest mało. Zazwyczaj więc mają nieudane życie erotyczne.

Podobnie jak partnerka Wojownika.

Życie seksualne owszem, ale kobieta może mieć udany związek z Wojownikiem. Jeżeli zależy jej na standardzie życia, a on go zapewnia, firma świetnie prosperuje, tylko seks jest nieczęsty i nieudany – można to wpisać w bilans zysków i strat. „Coś za coś" – myśli sobie kobieta Wojownika.

A o czym myśli partnerka Piotrusia Pana?

Mężczyzny z dopaminą? Myśli: „Kiedy on się wreszcie przestanie bawić?". Piotruś Pan jest typem zabawowym przez całe swoje życie. Czas spędza na poszukiwaniu rozrywek. Partnerce też potrafi dostarczać tej zabawy. Życie z nim jest barwne i fajne do momentu, kiedy zaczyna ciążyć, bo np. pojawią się dzieci. Kobieta oczekuje wtedy od partnera większej odpowiedzialności. A on właśnie wybiera się na kolejną imprezę. Dlatego na pytanie żony Piotrusia Pana, kiedy on się przestanie bawić, odpowiedź jest jedna: nigdy. W terapii miałem bardzo wiele partnerek tego typu. Zwykle związek z nim jest bardzo udany. On ma niewiarygodnie dużo pomysłów, którymi sypie jak z rękawa. Nieźle zarabia, ma poczucie humoru, luz, spontaniczność, ciekawość życia i jest niezłym kochankiem. Kryzys zaczyna się, kiedy pojawia się dziecko. Tak było także w związku mojej pacjentki. Jej poród był ciężki, potem maluch miał kolki, oboje z mężem nie spali w nocy. Do tego doszło zapalenie piersi. Młoda matka nie miała po prostu siły na zajmowanie się domem i liczyła, że mąż to zrozumie. Przeliczyła się. Nie tylko, że nie zaczął jej pomagać, ale wręcz przesiadywał w pracy po godzinach, twierdząc, że ma nawał obowiązków. Nie współżyli, bo powikłania ginekologicznie to uniemożliwiały. Zaczęli się kłócić, ona była zbyt zmęczona, żeby uprawiać jakiekolwiek formy seksu. Oprócz tego on zaczął zapraszać do domu gości i chciał, żeby to ona robiła kolacje. Oczywiście, odmawiała i znowu w domu było piekło. Kiedy zarzucała mu egoizm, odpowiadał: „Wiedziałaś, jaki jestem, wychodząc za mnie za mąż". Domyśliła się, że ją zdradził podczas podróży służbowej. Z rozmowy z nim można było wyciągnąć jeden wniosek: jest psychicznie niedojrzały, pojmuje życie jako nieustanną zabawę. Traktuje serio tylko swoją pracę. Korzysta z tego, że jest przystojny i podoba się kobietom. W czasie małżeństwa miał wiele romansów, był przekonany, że żona o tym wie i traktuje to liberalnie. Tak jak w rodzinnym domu. Wprawdzie inaczej potraktowała jego ostatni romans, ale był przekonany, że dzieje się tak, ponieważ „kobiety zmieniają się po urodzeniu dziecka". Powiedział, że nie ma zamiaru zmieniać swojej natury, bo taki właśnie jest. Para się rozwiodła. On nadal prowadzi wesołe życie, ona – leczy rany po trudnym doświadczeniu i przyrzeka sobie: „Nigdy więcej małżeństw z chłopcem".

Rozprawmy się na koniec z powszechnie panującymi stereotypami na temat męskości. Czy to prawda, że niscy mężczyźni mają większe potrzeby erotyczne?

Nie, to jest mit.

Czy mocny zarost świadczy o wysokim libido?

I tak, i nie, bo wiadomo, że mężczyźni z większym poziomem testosteronu mają też mocniejszy zarost, tylko że nie zawsze przekłada się to na seksualność. Jeśli ma tzw. zespół niedoboru testosteronu, zmienia się jego sylwetka, zmienia się owłosienie. Po kuracji hormonalnej zarost wraca, ale libido może pozostać przeciętne. Weźmy np. Azjatów, którzy w ogóle nie mają zarostu, a nie możemy powiedzieć, że są słabi w seksie. Ale faktycznie, u białych w zasadzie o pewnej korelacji można mówić.

Podobno męskie nasienie zbawiennie wpływa na stan skóry kobiety?

To prawda. Badania udowodniły, że składniki nasienia mają pozytywny wpływ na jej organizm, zarówno wpływ biologiczny, jak również dla jej równowagi psychiczno-hormonalnej. Zawierają także składnik antybakteryjny o dużej sile.

Mężczyźni o niskim głosie mają większy temperament?

Nie. Owszem, ci o niższym głosie bardziej działają na kobiety, bo głos może działać jak afrodyzjak. Tylko że np. Latynosi rzadko mają niskie głosy, a czy powiemy, że oni mają słaby temperament?

Panowie z dużymi nosami są obdarzeni większym przyrodzeniem?
Nie, to kompletna bzdura.

Rozdział III.
Stare i nowe problemy z męskością

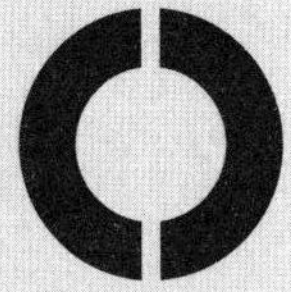

Rozdział III.

Rewolucja viagry / nowa polska rzeczywistość i nowe męskie kłopoty / kompleksy dzisiejszych panów / nieświadomość i eksploatacja ciała / dominacja narcyzów / problemy z płodnością / kryzys wieku średniego / ryzyko samooceny / przyszłość należy do unisexów?

Żyjemy wiele lat po rewolucji seksualnej. Czy mężczyzna na niej skorzystał i dzisiaj może mieć dzięki temu dużo bardziej ciekawe życie erotyczne?

I tak, i nie. Kiedyś seks był w zasadzie jedyną formą spędzania wolnego czasu. I to najatrakcyjniejszą. Telewizja była nudna, reżimowa, więc ludzie chętniej wskakiwali do łóżek. Kończyli pracę o szesnastej i czymś trzeba było wypełnić resztę czasu. Pornografia była dużo mniej dostępna, bo ją ścigano, więc panowie byli pozbawieni takiego sposobu rozładowania libido. A współczesny trzydziestolatek dorabia się, pracuje intensywnie, po kilkanaście godzin. Albo jest bezrobotny. W obu przypadkach z seksem nie jest dobrze – bezrobotny czuje się sfrustrowany, mężczyzna sukcesu przeważnie okupuje go szaloną pracą i na seks najzwyczajniej w świecie nie ma czasu ani siły. Dlatego nie uważam, żeby dzisiejszy trzydziestolatek miał bogatsze życie seksualne niż ten z PRL-u.

Bogatsze życie erotyczne mają natomiast seniorzy, ale to dzięki lekom. Sześćdziesięciopięciolatek trzydzieści lat temu mógł sobie łykać jakieś afrodyzjaki, ale tak naprawdę był już na emeryturze seksualnej. Teraz dostanie receptę, kupi leki i jest sprawny.

Poza tym, nie dajmy się zwariować. Z tym urozmaiceniem seksu to jest wielka mitologia. Pozycje seksualne są standardowe i były takie i sto lat temu, i pięćdziesiąt, i są teraz: klasyczna, na jeźdźca, od tyłu, dodajmy jeszcze ze trzy i to wszystko. Inne pozycje są zgoła cyrkowe. Trzeba ćwiczyć odpowiednie grupy mięśniowe, więc komu się chce.

Mężczyźni, którzy przychodzą do pana gabinetu, mają dzisiaj te same problemy co np. w latach 60. czy też pojawiły się nowe?

Jeżeli mówimy o rozpoznaniach, czyli o numerach choroby, to są dosyć podobne. Zaburzenia erekcji, zaburzenia pożądania, przedwczesne wytryski. Niby to samo, ale nie tak samo. W kwestii zaburzenia erekcji – kiedyś starsi mężczyźni godzili się z tym. Jeśli przychodzili po poradę, to tylko wtedy, gdy partnerka wciąż jeszcze miała duże oczekiwania albo właśnie wchodzili w nowe związki. Dzisiaj starszy buntuje się przeciwko konsekwencjom swojego wieku. Ma zaburzenia, ale nie chce ich mieć. Żyje dłużej, chce być dłużej aktywny, więcej wie o „tych sprawach". Natomiast młody z zaburzeniami erekcji trzydzieści lat temu przychodził stłamszony i na skraju depresji. Był zalękniony i unikał seksu. Potrafił długo nie mieć kontaktów, bo wiedział, że nic z tego nie będzie. W końcu w akcie rozpaczy zdecydował się na wizytę. Dzisiaj jego rówieśnik wie, że są leki, że to się leczy normalnie, że to nie jest dramat, tylko szybko trzeba problem rozwiązać. I tyle. Panów z przedwczesnym wytryskiem było kiedyś dużo, podobnie jest teraz. Różnica polega na tym, że w przeszłości on po prostu mógł o tym nie wiedzieć. Prawdopodobnie nie miał również pojęcia, że partnerka nie jest usatysfakcjonowana, bo mu nawet o tym nie powiedziała. A dzisiaj ma w Internecie wyniki badań, w gazetach przeczyta mnóstwo na ten temat. Ba, partnerka poinformuje go od razu, że seks jest za krótki. No i dziś są skuteczne metody leczenia.

No właśnie, jak wygląda „świat po viagrze"? Jest się czym zachwycać?

Viagra na pewno doprowadziła do seksualnej rewolucji. Bo ten lek i jego pochodne działają! W przeciwieństwie do afrodyzjaków, które nie tylko, że nie są przebadane (a przynajmniej większość z nich), to jeszcze działają na zasadach placebo. Ale – jak zwykle – także w przypadku viagry są dwie strony medalu. Plusów jest mnóstwo: odczarowanie zaburzeń erekcji – nagle się okazało, że mężczyzn z tą dolegliwością jest mnóstwo i że nie ma się czego wstydzić, że to się leczy jak każdą inną chorobę. Można z taką dolegliwością żyć normalnie; panowie schorowani, cukrzycy czy cierpiący na inne schorzenia na płaszczyźnie seksualnej mogą funkcjonować normalnie. Poza tym znikły problemy związane z wiekiem – to tak, jakby ofiarować drugie życie. Zachwycają się nim mężczyźni, którzy byli przerażeni, że na etapie siedemdziesiątki już nigdy nie spędzą miłych chwil z ukochaną kobietą w łóżku. Przypomnijmy sobie staropolskie fraszki – prześmiewające starszych mężczyzn, którzy są zamożni, mają młode żony, a te z kolei mają młodych kochanków, którzy dają im rozkosz. We fraszkach młody zazdrości starszemu majątku, a stary młodemu – jurności. A tabletka to zmieniła. Teraz stary może mieć wszystko: i pieniądze, i młodą żonę.

To jawna niesprawiedliwość: mężczyzna ma wszystko.

Nie do końca ma wszystko, bo okazuje się, że w sprawie viagry kobiety także mają coś do powiedzenia. Okazuje się, że wiele pań nie ceni sobie erekcji wywołanej chemią.

Bo to ona – kobieta – powinna być dla niego żywą viagrą...

To było do przewidzenia. Dlatego tak ważna jest informacja dla kobiet, którą trzeba by tu chyba napisać drukowanymi literami. Viagra nie zadziała, jeżeli mężczyzna nie będzie czuł pożądania do konkretnej kobiety! Szkoda, że w kampaniach edukacyjnych na temat tego leku ta informacja nie jest wyraźnie podkreślana. Bo wyobraźmy sobie taką sytuację: on nie czuje żadnego pociągu do niej. Ona w tajemnicy kruszy lek i podaje mu go. Nie zadziała. Jeżeli nie ma pożądania, to kaskada uczuć sterujących podnieceniem się nie uruchomi. Inny przykład: gej się zakochał w mężczyźnie heteroseksualnym i dosypał mu viagry. Przeliczy się, jeśli będzie oczekiwał upojnego seksu. To nie zadziała. Dlatego niech panie nie dyskryminują erekcji wywołanej chemicznie.

Czy mężczyźni wstydzą się łykania viagry? Robią to w ukryciu czy otwarcie?

W niewielu związkach mogą się ujawnić. Czasami jest tak, że to partnerka załatwi sprawę, umówi spotkanie z lekarzem, bo jej zależy na udanym współżyciu. Przed kobietami o nastawieniu partnerskim mężczyzna nie musi się ukrywać. One to rozumieją. Ale w większości przypadków on raczej to ukrywa. Niechęć pań ponadto bierze się także z... oszczędności. Bo jeżeli ona ma do wyboru: niebieską tabletkę albo zakupienie sobie rajstop, albo czegoś do kuchni bądź zafundowanie dzieciom i wnukom jakiejś rozrywki, jasne jest, że wybierze to drugie. W takim przypadku partnerki mogą nawet zniechęcać do kupowania leku.

Poza tym wciąż mocny jest archetyp, że mężczyzna powinien być jurny, powinien mieć erekcję na zawołanie, powinien się szybko podniecać, powinien być sprawny, a tabletkowa sprawność trochę zmniejsza jego atrakcyjność w oczach kobiety i jego ranga spada. Te obyczajowe przeszkody sprawiają, że do tej pory z tego rodzaju leków korzysta około dziesięciu procent mężczyzn z zaburzeniami erekcji, czyli dziewięćdziesiąt procent bagatelizuje problem albo ucieka od niego bądź udaje, że go nie ma.

Jest jeszcze jedna rzecz, która wyszła w niedawnych badaniach. Większość panów wie, że istnieją bardzo dobre tabletki i że działają one skutecznie, ale mają fobie, że są niezdrowe, mają różne objawy uboczne, zatem boją się ich zażywać. I to jest powszechne. Kolejny mankament to jest cena, bo jeżeli mężczyzna chciałby sobie zafundować seks dwa razy w tygodniu, to musi płacić około 40 zł tygodniowo, czyli 160 zł miesięcznie. Zamożnych na to stać, ale dla niektórych stanowi to jednak spory wydatek. Czyli świetny lek jest niby w zasięgu ręki, ale jednak i nie jest. I co panowie często robią? Z oszczędności dzielą pigułkę na kawałki. I mają takie minierekcje.

Czy mężczyzna, który jest całkowicie sprawny i zażyje viagrę, będzie jeszcze bardziej sprawny i uzyska zdolność do wielu bisów?

Owszem, może się tak zdarzyć. Naturalna zdolność bisu jest spotykana raczej u młodych mężczyzn. Później ta miła możliwość u większości panów zanika. Jeżeli zdrowy weźmie lek, faktycznie może być zdolny do bisowania i dlatego wielu zdrowych mężczyzn bierze leki, aby sobie poprawić życie seksualne, aby mieć go więcej. Nie jestem jednak entuzjastą takiego postępowania. Jeśli on ma niewielki popęd, niech nie stara się faszerować jak kurczak, bo na krótką metę to pomoże, ale nie na długo. Wyjaśnię, że zdolność do erekcji, poza męską hydrauliką, zależy od hormonów, układu nerwowego, od poziomu pożądania i genetyki. Kiedy przeprowadzam badania, zawsze zadaję pytanie: „Jak często odczuwa pan potrzebę seksu?". Może, powiedzmy, odczuwać ją dwa razy w tygodniu i tak ma od kilkudziesięciu lat. Po zażyciu tabletki nie będzie przecież jej miał codziennie. Każdy ma swoją normę. Owszem, jeżeli współżył często, a teraz nie może, bo ma problemy, to dzięki lekowi będzie mógł, ale powróci do normy fizjologicznej, którą miał wcześniej.

Podstawowy problem każdego mężczyzny – i dawniej, i dziś – to...?

Wielkość członka. To podstawa jego samooceny. Z badań wiemy, że prawie połowa panów chce mieć większego. Czyli ogromna grupa patrzy na swojego penisa krytycznie. Boją się, co powie partnerka. A nuż porówna z poprzednimi partnerami?! Kobiety mają w tej chwili spore doświadczenia seksualne, więc mogą także zdobyć się na porównanie. Tak, duży członek to podstawowa męska obsesja. Dlatego ci, którzy mają duże członki, są bardzo narcystyczni. Gdyby nie normy kulturowe, najchętniej mówiliby o tym głośno, może nawet pokazywali. A tak mogą tylko sugerować. Uważają, że z powodu wielkości członka są na szczycie towarzyskim, seksualnym i każdym innym. Często ma to uzasadnienie, bo w niektórych środowiskach dziewczyny przekazują sobie takie informacje, a nawet prowokują seks, żeby sprawdzić wymiary. Hojnie obdarzeni przez naturę o swoim penisie mówią pieszczotliwie. Ich partnerki zresztą też, nawet zdecydowanie częściej niż oni sami.

Ale podobno nie o wielkość chodzi.

Tak, dlatego mamy dobrą wiadomość dla wszystkich zaniepokojonych. Pozbądźcie się kompleksów i nie przeceniajcie wielkości członka. To mit. Nie jest ważna długość, tylko grubość. Ale jak na razie do mężczyzn to nie dociera. Tymczasem wyjaśnienie jest proste. Unerwienie kobiecej pochwy jest największe w jednej trzeciej głębokości, bliżej przedsionka. Tu znajduje się najwięcej receptorów. Duże podniecenie powoduje, że pochwa się poszerza i w wielu przypadkach w tej jej części formuje się coś w rodzaju namiotu. I z punktu widzenia rozkoszy to jest najważniejsze miejsce. Niewiele pań osiąga podniecenie przez pobudzanie sklepienia pochwy, ba, nawet może to być nieprzyjemne. Jeżeli członek jest bardzo długi, to wbija się w sklepienie pochwy i sprawia ból. Czy teraz jest już jasne, dlaczego grubość jest ważna, a nie długość?

Jasne, ale proszę to wytłumaczyć panom.

Na pocieszenie mężczyzn powiem, że zdecydowana większość kobiet jest w pełni zadowolona z wielkości członka partnera. Wielu panów bez powodu ma kompleks, który może być bardzo destrukcyjny. Unikają seksu albo inicjują go w późnym wieku. Albo uprawiają seks jednorazowy w agencjach. Nie ufają kobiecie, pytają, czy na pewno jest jej dobrze. Na takich kompleksach żerują przeróżni oszuści oferujący przedłużanie członka. To świetny interes, mężczyźni kupują jakieś aparaty, a do lekarzy trafiają ofiary tych urządzeń. Powodują one wiele urazów członków, czasami nie da się ich wyleczyć. A tymczasem moi pacjenci z kompleksem małego członka nie mają żadnych uzasadnień fizjologicznych. Na stu pacjentów, którzy przychodzą z tą domniemaną przez nich dolegliwością, mniej niż w jednym przypadku mają się rzeczywiście o co martwić. To są wszystko wymyślone, obsesyjne kompleksy.

Mężczyzna z dużym przyrodzeniem to superman. Czy ten mit jeszcze funkcjonuje?

Tak, i ma się całkiem nieźle. To przecież świetnie być facetem mającym wiele kochanek, odbywającym długie stosunki, zawsze zwartym i gotowym. Niedawno zjawił się u mnie prawie sześćdziesięciolatek, który wszystkie swoje seksualne partnerki odnotowywał w notesie, i wprost mi powiedział, że uważa się za supermana. Ponieważ trafił na wymagającą partnerkę, a naturalne afrodyzjaki: kawior, szparagi, jagnięcina nie pomagały, prosił o pomoc – byle nie byłaby to recepta na lek zwiększający potencję. Uważał, że dla kogoś takiego jak on, byłby to dyshonor.

U części kobiet członek w stanie erekcji jest jednym z najsilniejszych bodźców erotycznych wyzwalających podniecenie seksualne. Działa na nią suma bodźców wzrokowych i dotykowych. W końcu ona nie ma narządu, który rósłby tak szybko i gwałtownie, więc ma prawo być oczarowana. Zwykle ten typ wrażliwości zauważa się u kobiet ceniących w mężczyznach ich biologiczność, samczość, czyli właśnie budowę narządów płciowych. Jeżeli jej partner nie jest takim megasamczym typem, powstają trudności we współżyciu seksualnym. Ale należy obalić jeszcze jeden stereotyp: nieprawdą jest, że właściciel dużego członka ma większą potencję niż właściciel mniejszego!

W ciągu wielu lat praktyki zapewne widział pan, jak się zmienia podejście mężczyzn do swoich problemów. Z czym poradzili sobie najlepiej?

Z traktowaniem masturbacji. Przypominam – dawna nazwa brzmiała „samogwałt", czyli coś absolutnie nagannego. Przez lata nastąpiła ogromna zmiana w obyczajowości. Na samym początku mojej praktyki nie było dnia, żeby nie przyszedł do mnie mężczyzna z kompleksem onanistycznym, odczuwający obawę przed następstwami masturbacji. Powszechny wówczas był pogląd, że ta praktyka prowadzi do niepłodności, impotencji, przedwczesnego starzenia się czy „zużycia" jąder. Pamiętajmy, że w XIX wieku opatentowano kilkadziesiąt aparatów na genitalia mających zapobiec temu procederowi. Lekarze kazali dzieciom spać w kaftanach, a w książkach „specjalistycznych” można było wyczytać, że samogwałt grozi... śmiercią. Z ambony straszyli księża. Obsesja antymasturbacyjna trwała ponad dwa stulecia, jeszcze do połowy XX wieku książka opisująca zgubne skutki onanizmu była bestsellerem. Pod koniec XX wieku nastąpiła zmiana – i to jaka. World Health Organization (WHO) w Deklaracji Praw Seksualnych z 2002 roku pisze, że masturbacja wpływa pozytywnie na zdrowie psychiczne i seksualne, i człowiek ma prawo do takiej aktywności. Większość zachowań masturbacyjnych jest naturalna, ale są także jej ciemne strony. Jeżeli ma charakter kompulsywny, rytualny albo jest ściśle związana z oglądaniem pornografii, w takich przypadkach mężczyzna może się uwarunkować na bodźce z filmów i realne życie przestanie być dla niego atrakcyjne.

Panie profesorze, jaki stosunek mają dziś mężczyźni do swojego ciała? Z jednej strony panuje moda na dbanie o siebie, ale statystyki mówią, że w Polsce jest więcej otyłych mężczyzn niż kobiet.

Ich postawy wobec własnego ciała można podzielić na trzy kategorie. Pierwsza: dbanie o siłę, sprawność, muskulaturę. Kiedyś niezbędne do walki, jazdy konnej, polowań. Teraz przerodziło się to w chodzenie na siłownię, wręcz katowanie się, nieustanne kontrolowanie wagi, mierzenie mięśni. Wszystko po to, by ładnie wyglądać. Na filmach amerykańskich widać, że nawet starsi mężczyźni mają umięśnione sylwetki, a w domach chodzą na bieżni.

Drugi typ mężczyzny, statystycznie większościowy, w ogóle nie wie, że ma ciało. W ciągu dnia nie znajduje nawet jednej chwili, aby o nim pomyśleć. Nawet rano przy goleniu. Goli się przed lustrem, a myśli o czymś innym. Potem myje się byle jak i pędzi do pracy. Pracuje do późna, myje zęby i kładzie się spać. Ciało zauważa dopiero wtedy, gdy pojawiają się jakieś dolegliwości. Wówczas idzie do lekarza. Miałem pacjenta, czterdziestolatka, który chwalił się, że jeszcze nigdy nie był u lekarza. Zapytałem go, czy rano, kiedy wstaje z łóżka, ma erekcję. Nie wiedział, nie potrafił określić swojej fizjologii. „Nigdy się nad tym nie zastanawiałem" – odpowiedział. Jednym słowem on nie rejestrował nawet najbardziej podstawowych odruchów ciała. „Dopiero teraz się temu przyjrzę" – powiedział potem. To dla kobiet niepojęte, one zwykle są w bardzo bliskim kontakcie ze swoim ciałem. A jeżeli sobie szkodzą, to najczęściej nieracjonalnym odchudzaniem się.

Ale oprócz nieświadomości wśród trzydziesto-, czterdziestolatków dominuje jeszcze gorsza postawa – nadmierna eksploatacja ciała. Oni wręcz się tym chwalą. „Przejechałem non stop samochodem z Paryża do Warszawy" – mówią z dumą. Po co? Co to ma udowodnić? Powiem wprost: to niesłychanie głupia i niebezpieczna postawa męska.

Na drugim biegunie jest kategoria mężczyzn obsesyjnie o siebie dbających, narcyzów.

O tak, ta grupa się powiększa. Narcyz jest zakochany w swoim ciele, a jego półka z kosmetykami dorównuje kobiecej. Pielęgnuje ciało, wklepuje balsamy, podziwia swoją skórę, depiluje pachy i łydki. Nosi tylko markowe ciuchy. Kobieta ma za zadanie podziwiać jego ciało. Podczas seksu narcyz pachnie i wymaga admiracji. Kiedyś na to mógł sobie pozwolić starzejący się milioner, który chciał przedłużyć swoje istnienie. Teraz narcyz to młody człowiek, który już dorobił się pieniędzy i wydaje je na kosmetyki i siłownię, gdzie rzeźbi ciało.

Ale to jest niegroźne. Niebezpieczna jest inna tendencja. W grupie mężczyzn chodzących na siłownię pojawiła się podgrupa pakująca w siebie anaboliki. Jaki jest tego efekt wizualny? Nieproporcjonalna sylwetka, bardzo rozbudowana klatka piersiowa, cienkie nogi. Nakręceni rywalizacją „który z nich więcej przypakuje" nie zdają sobie sprawy, iż oprócz tego, że dla większości kobiet ich widok nie jest pociągający, to przede wszystkim biorą udział w wyścigu śmierci. Nieraz wykazują się tendencją do ekstremalnych form zachowań, np. do szalonej jazdy na motorze. Są napakowani testosteronem, muszą agresję gdzieś rozładować. Mam coraz więcej takich pacjentów. Jeden z nich przyszedł do mnie niedawno. Zaniepokojony – młody, dwadzieścia pięć lat, a już ma kłopoty z seksem. Uważa słusznie, że w tym wieku nie powinien. Zrobiłem mu wszystkie badania hormonalne, okazało się, że ma jądra w zaniku. Skierowałem go do androloga. Był przerażony, że już nigdy nie będzie mógł uprawiać seksu. Tak, to możliwe. Zapytałem, czy wie, dlaczego ma takie kłopoty. Nie wiedział. Ci mężczyźni w ogóle nie wiążą z seksem dawek hormonów, które przyjmują... Sprzedawcy takich specyfików zapewniają, że ich produkty są absolutnie nieszkodliwe, a oni im wierzą, i robią się z tego dramaty.

Przychodzi chłop do lekarza i...

...nie mówi całej prawdy. Bo chce zachować twarz i swoją męskość. Trudności i niepowodzenia w życiu seksualnym nadal mocno uderzają w poczucie męskości. Jeżeli przychodzi ze swoją partnerką, to najbardziej przewidywany rozwój sytuacji będzie następujący: ona siada bliżej lekarza i zaczyna rozmowę. Jej partner z reguły zajmuje dalsze miejsce i ma bardzo niezadowoloną minę. Niektórzy mężczyźni mówią wprost: „Przyszedłem na jej prośbę, nie miałem takiej potrzeby". Albo: „Nie wiem, po co tu jestem". Przyczyna takiego zachowania jest prosta: mężczyzna reaguje ambicjonalnie, a skargi partnerki, że zajmuje w gabinecie dalsze miejsce, traktuje jako pomniejszanie jego męskiej roli, a nawet ośmieszanie. Jeżeli przychodzi sam, najczęściej stosowaną techniką „zachowania twarzy" jest ukrywanie prawdziwego zaburzenia i ujawnianie innego, które de facto w ogóle nie występuje. Wielu mężczyznom wydaje się, że przyznawanie się do zaburzeń erekcji jest równoznaczne z impotencją, a jest to określenie, którego oni lękają się najbardziej na świecie. Dlatego mówią o zbyt szybkich wytryskach, osłabieniu zainteresowania współżyciem, co brzmi o wiele bezpieczniej. Słyszę także: „Panie doktorze, to kwestia ostatniego pół roku", a wiem, że zaburzenie trwa wiele lat. Miałem np. pacjenta, który dosłownie blokował mnie w zbieraniu informacji o nim, zarzucając mnie niepotrzebnymi wiadomościami na temat swoich problemów zawodowych, wychowawczych, zamiast mówić o kłopotach z seksem. Inny powiedział: „Żona mnie tu przysłała, zupełnie nie wiem, po co". Niektórzy tylko proszą o viagrę, odmawiając odpowiedzi na inne pytania. Czasami zdarza się także, że zrzucają odium winy na swoją partnerkę, rodzinę, feministki, polityków, równouprawnienie. Są również tacy, którzy mówią: „Jedynie z żoną mi się nie układa. Z kochanką nie mam żadnych problemów". I tu zaczyna się opowieść (wymyślona) o tym, ile razy to robi, jakie techniki, pozycje i inne cuda mają miejsce w sypialni kochanki.

Pan się temu dziwi?

Ani się nie dziwię, ani się nie niecierpliwię. Samoobrona poczucia męskiej wartości jest jednym z najsilniejszych motywów zachowań panów i nie zawsze warto z nią walczyć. Trzeba ją przyjąć z całym dobrodziejstwem inwentarza.

Dzisiejsi mężczyźni muszą się także zderzyć z innym ogromnym problemem dotyczącym poczucia ich wartości: z niesprawnymi plemnikami. Z badań wynika, że kiedyś był on uważany za zdrowego, kiedy w jego spermie było siedemdziesiąt procent aktywnych plemników. Teraz podobno wystarcza... cztery procent.

Normy się drastycznie zmieniły. Płodność męska się zmniejsza, ulega zaburzeniom i dlatego powstały inne normy. To już kryzys i jeśli tak dalej pójdzie, można będzie mieć katastroficzne wizje. Zaczyna się już mówić o tym, że za jakiś czas rutynową praktyką będzie deponowanie w bankach spermy nasienia młodego mężczyzny – dwudziestolatka, bo później jego nasienie będzie bez wartości. To ewidentnie sprawa zatrucia środowiska, stylu życia i to rozumianego bardzo szeroko. Pokarmy pełne estrogenów, telefony komórkowe noszone w kieszeniach, obcisłe spodnie, siedzący styl życia, przegrzewanie jąder, otyłość, złe odżywianie. Niepłodność męska uderza w męskie ego nawet silniej niż w kobietę. Weźmy np. skrajny przypadek, czyli totalną niepłodność. Kobieta może adoptować niemowlaka i będzie matką, która spełni się w macierzyństwie. A mężczyzna nie przekazał genów i to jest dla niego dramat. Nie pozostawił po sobie potomka.

Co można powiedzieć takiemu mężczyźnie?

Męskość w dzisiejszych czasach nie ogranicza się tylko do roli ojcostwa. Weźmy np. biografię Czesława Miłosza. Miał dwójkę dzieci. Lepiej, żeby zostawił po sobie dwanaścioro dzieci i twórczość okrojoną do jednej ósmej, czy lepiej, że ma tylko dwóch synów, ale za to miał czas spełnić się w twórczy sposób? Dlatego męskość może się wyrażać właśnie poprzez kreatywność, twórczość, którą mężczyzna pozostawia po sobie, a nie tylko poprzez przekazanie genów. To niesłychanie ważne. Dlatego ci, którzy nie mają dzieci, a mają świadomość, że są płodni w innej dziedzinie, mogą łatwiej pogodzić się z brakiem potomka i lepiej godzą się z tym niedostatkiem. Mężczyzna pomyśli sobie: „Jednak nie wszystek umrę, zostawię coś po sobie: świetnie prosperującą firmę, a może jakieś dzieło?". Albo weźmy duchownego, który nie przekazuje dalej genów. On może mieć poczucie ojcostwa duchowego i ogromne poczucie satysfakcji.

Ważna jest kreatywność. Jedna z kobiet filozofów mówiła, że mężczyzna składa się z dwóch skrajności. Jedna, której ona się boi, to agresja, prowadząca do wojen. A druga, która ją fascynuje, to właśnie kreatywność. Chociaż ruchy feministyczne próbują umniejszać jej rozmach, twierdząc, że żeńska kreatywność jest tak niewielka, bo to mężczyźni ją tłamsili. Prawda jednak jest w swej istocie inna. Na pewno ograniczali kobiecą twórczość przez wieki, ale siły męskiej kreatywności nie można porównywać z kobiecą. Już sam fakt, że kreatywność ma charakter zarówno pozytywny, jak i destruktywny – to dowód na jej moc.

Nawet mężczyzna bardzo mocno dbający o zdrowie staje oko w oko z kryzysem wieku średniego. Jest on czy go nie ma?

Pojęcia „kryzysów" ukuto w przeszłości. Dziś one się już zdezaktualizowały. W przypadku trzydziestoletnich kobiet mówiono o zespole paniki zamykających się drzwi, czyli „w twoim życiu, kobieto, już się nic nie wydarzy, żadne drzwi nie staną przed tobą otworem". A mężczyźni nazywali to „smugą cienia" albo właśnie „kryzysem wieku średniego". Teraz panowie są chłopcami do czterdziestego roku życia, a dopiero później dorośleją, dlatego o kryzysie mówimy wtedy, kiedy wchodzi się w wiek emerytalny. Co wtedy ze sobą zrobić? Są panowie z radością idący na emeryturę i poświęcający czas hodowaniu gołębi albo wędkowaniu. Inni nie mogą sobie znaleźć miejsca i szybko się starzeją.

Ale czterdziestolatki nieustannie przeżywają jakieś egzystencjalne dramaty.

Ich samopoczucie w tym wieku zależy do tego, jak się realizują na trzech polach: w związku jako partnerzy, jako kochankowie i w pracy. Ich wahania dotyczą tylko tego, w której z tych ról wydają się spełnieni. Ale nie można tego nazwać „kryzysem wieku średniego", tylko „kryzysem samorealizacji w roli męskiej". Równie dobrze może go przeżywać dwudziestoośmiolatek, wspomagany finansowo przez rodziców i martwiący się tym, że niczego jeszcze w życiu nie osiągnął.

Ale przecież nagminnie mówi się o „kryzysie wieku średniego", gdy czterdziestoparolatek nagle zostawia żonę i wiąże się z kobietą o wiele młodszą.

Owszem, i traktuje się go jak idiotę. Że leci na młode ciało i wymienia sobie żonę na lepszy model. Że to jego druga młodość, bo chce znowu się poczuć chłopcem. Przypisuje mu się mit Pigmaliona – potrzebę wychowania sobie młodej kochanki. Nie wierzy się, że np. młodą partnerkę może pociągać ciało starszego mężczyzny. Postronni zadają sobie pytania: „Musi coś brać, żeby z nią sypiać". To jednak trochę bardziej skomplikowane. Zwykle nie ma nic wspólnego z kryzysem mężczyzny, tylko z kryzysem związku. Po prostu ci panowie nie są przez swoje partnerki chwaleni, nie są przez nie dowartościowani. Po latach wspólnego przebywania są głównie krytykowani. To kolosalny błąd kobiet. Natomiast nowa, młoda, jak to w okresie godowym, nieustannie go podziwia. I mężczyzna nieświadomie takiej poszukuje.

Znałem pewną parę – ona wciąż wykrzykiwała z przekonaniem: „Jak ty świetnie prowadzisz samochód!", „Jak ty się znasz na winach!". Dla niego był to szok, bo dawno nie słyszał, żeby ktoś się nim tak zachwycił. Mówiliśmy już o tym, jak ważne są pochwały, których musi być więcej od uwag krytycznych. Oczywiście, atrakcyjność fizyczna też ma znaczenie, ale przestrzegam przed łatwym wytłumaczeniem. On jest w stanie dużo poświęcić, aby czuć się ważny i podziwiany. Szuka więc przede wszystkim aprobaty, a nie tylko młodego ciała, bo nieustanna krytyka od dawna była dla niego wewnętrznym dramatem. Dlatego byłbym ostrożny ze stereotypowym myśleniem. Znam przykład wielu udanych par z dużą różnicą wieku. Np. miłość dwudziestoczteroletniej kobiety do pięćdziesięcioośmiolatka, który zafascynował ją swoim życiem, klasą, elegancją i znakomitą formą fizyczną. On zmarł w wieku osiemdziesięciu dziewięciu lat, był bardzo sprawny (także seksualnie) do końca życia. Wspólnie wychowali syna. Z tego, co wiem, związek był świetny, a ona do tej pory jest sama, ponieważ uważa, że takiego kogoś jak jej partner nigdy nie spotka. I nigdy o nim nie zapomni.

Czy wszystko, co nazywamy „kryzysem wieku średniego", to stereotyp? Np. mężczyzna nagle zmienia styl – do tej pory podtatusiały, wkłada T-shirt, kurtkę, sportowe buty, zakłada szal, farbuje siwiznę, jeździ na rolkach.

Uważam, że to stereotyp. Gdyby tak nie było, oznaczałoby to, że wszyscy mężczyźni musieliby przejść przez „kryzys wieku średniego" tak jak kobiety przez menopauzę. A tak nie jest. Średni wiek to pewne typowe sytuacje: np. brak awansu, upadek firmy. Wtedy czują się niedowartościowani, bo są już w pewnym wieku, a nie osiągnęli tego, czego pragnęli, i nie mają szans, żeby to zrobić. Albo przeciwnie:

osiągnęli wszystko, co mogli osiągnąć, mają rodzinę, dobrą pracę, dom, i nie wiedzą, co dalej. Wiek średni ma pewną specyfikę.

Czyli ten, co wszystko osiągnął, goli się na łyso i jedzie do aszramu w Indiach. A ten, któremu się nie udało – zapuszcza się, siada przed telewizorem i nic nie robi.

Czy wyjazd do Indii to kryzys? Moim zdaniem wręcz przeciwnie: nowe wyzwania, nowa sfera działalności. Można się wypalić w dotychczasowej i iść dalej. Indie to symbol duchowości. Może więc taki człowiek nie chce już uczestniczyć w wyścigu szczurów, ale chce iść w kierunku rozwoju duchowego. Są też tzw. późne powołania, kiedy to mężczyźni kończą dotychczasowy etap życia i idą do seminarium. W innych krajach stają się wędrującymi mnichami. Są tacy, którzy jadą w inne części świata. Znałem takich, którzy tu się wypalili i pojechali na misje ONZ i tam się realizują.

A gdy on siedzi przed telewizorem i godzinami nic nie robi?

To depresja, i ona musi mieć swoje przyczyny.

Jak kobieta może pomóc w takim stanie? Czy w ogóle ona może jakoś pomóc, czy tylko lekarz?

Właściwie tu nie jest nawet potrzebny lekarz, tylko ktoś do pogadania. Poza tym partnerka też mu powinna pomóc, zasugerować inne kierunki jego działalności. Powinna go wesprzeć. Kobiety potrafią wydobyć ze swoich ukochanych cechy kreatywne, bo ich znają. Kiedy ona swojego faceta zna dobrze, wie, na co go stać. I na tę jego niewykorzystaną stronę osobowości może zwrócić uwagę. Przecież można wszystko zmienić, nawet zawód.

Czy zdarza się, żeby podczas egzystencjalnego kryzysu mężczyźni decydowali się na zdradę?

Oczywiście, to częsta reakcja, zwłaszcza w przypadku tego, któremu się zdaje, że osiągnął wszystko. Sukces, majątek, wielki dom, udane dzieci, dla których nigdy nie miał czasu, podobnie jak dla żony i rodziny jako całości. Najbliższych widuje tylko w weekendy i może razem spędzają święta. Seks z żoną niby udany, ale bez fajerwerków.

Miałem kiedyś pacjenta, którego wizytę poprzedziła jego żona zmartwiona tym, że mąż wraca z pracy nieobecny duchem, siada przed telewizorem z drinkiem w dłoni i nic nie mówi. Ona uważała, że to depresja, on przez pierwszą wizytę również tak utrzymywał. Po czym okazało się, że od roku ma romans z młodszą od siebie o dwadzieścia pięć lat współpracowniczką. Wyznał mi, że „odżył" przy nowej kobiecie, wydobył się z marazmu, w który niepostrzeżenie popadł, uważając, że osiągnął wszystko, i teraz spędzi resztę życia w sposób bardzo przewidywalny. Powiedział mi, że żona jest dla niego ideałem, ale uczucie i pożądanie do niej się wypaliło. Dzieci są już dorosłe, wyprowadzają się z domu. Wizja życia w wielkim domu, z żoną, do której nie czuje pociągu, i perspektywa spędzenia reszty życia przed telewizorem, przygnębiły go. Doszedł do wniosku, że najlepsze lata życia stracił na pracy – gdyby mógł cofnąć czas, odwróciłby hierarchię, więcej czasu poświęciłby rodzinie, podróżom, pasji, używaniu życia. Zastanawiał się nad tym, co z tego, że ma dużo pieniędzy, skoro nie umie ich wykorzystać. I kiedy był w takim stanie ducha, spotkał ową młodszą od siebie kobietę. Była nim zauroczona i nie ukrywała tego, bił z niej optymizm i radość życia. Zainicjowała seks i był on o wiele bardziej udany niż jego seks z żoną. Kochanka wyznała mu miłość i stwierdziła, że chce być z nim nawet wówczas, jeżeli on nie rozstanie się z żoną. Ponieważ on nie potrafił prowadzić podwójnego życia, zdecydował się na wyjazd z kochanką za granicę. Urodziło im się dziecko. Żona nie obwinia męża. Uważa, że dał się złapać na dziecko przez sprytną karierowiczkę.

I znowu mężczyźni górą. Nie ma pan wrażenia, że oni są niesamowicie z siebie zadowoleni?

Żyjemy w czasach ekshibicjonizmu, w modzie jest afirmowanie swoich wszystkich, nawet nieistniejących cech. Jeżeli dojdzie do tego wrodzony lub nabyty narcyzm większości facetów, to mamy do czynienia z niebywałą mieszanką wybuchową. Narcyzm niektórych panów jest bardzo prosty i wynika z tego, że są... mężczyznami. I nic nie jest w stanie tego zmienić. Inni z kolei są narcyzami, bo mają poczucie złowienia wielu kobiet. Są myśliwymi, którzy skutecznie zakończyli polowanie. Tylko nie wiadomo, kto na kogo nieraz poluje. Inni – bo mają piękne umięśnione ciało, piękną żonę, dużo zarabiają. Są również tacy, którym mamusia zawsze mówiła, że są najpiękniejsi, najzdolniejsi, i oni w to uwierzyli. A partnerki – z różnych przyczyn – nie wyprowadzają ich z tego przekonania.

Czy nie sądzi pan, że kobiety mają niższą samoocenę niż mężczyźni?

To się zmienia. Już w tej chwili pewność siebie u pań wzrosła. Jest także coraz więcej kobiet narcystycznych – z samego faktu bycia kobietą. Niektóre robią nawet odlewy swoich ciążowych brzuchów i wieszają je na ścianie, aby goście i rodzina mogli podziwiać, jaki to ona piękny miała brzuch. Nie mówię, że to źle – ciąża jest rzeczą piękną. Ale i mężczyzna powinien swojego zwycięskiego plemnika powiększyć, odlać w gipsie i powiesić go na ścianie. W ramach równości.

Skoro mężczyznom coraz bliżej do kobiet, to może dobrze, że one zmuszają ich do udziału w porodzie?

Jeżeli taki ktoś chce sobie udowodnić, że jest bardziej męski, to niech będzie. Mnie tylko interesuje pięć, dziesięć procent panów, którzy zaczynają odczuwać niechęć do partnerki. Mają w głowie obraz porodu, który kłóci się z ich zmysłem estetycznym.

Trudno być matką, ale chyba jeszcze trudniej być ojcem...

Macierzyństwo jest bardziej bezwarunkowe – Erich Fromm pisał, że matka kocha dziecko za to, że ono jest. Miłość ojca jest bardziej warunkowa: „Kocham cię za to, bo spełniasz moje oczekiwania". Jednym słowem: na miłość ojca trzeba sobie zasłużyć. Jest ona w zasięgu dziecka i wyzwala jego twórcze aspekty. Jednym z zadań mężczyzny jest pomoc kobiecie w emocjonalnym dostosowaniu się do macierzyństwa. I vice versa. Ponieważ to dzięki miłości małżeńskiej rodzicielstwo nabiera sensu. I sens ten powinien być podkreślany przez kochaną osobę. Ta postawa może wzmocnić rodzicielstwo, osłabić je lub nawet wyeliminować. Bardzo źle się dzieje, kiedy kobieta po przyjściu dziecka na świat wytwarza koalicję „ja i dziecko" przeciw mężczyźnie. To nagminne i niedopuszczalne.

Są ojcowie, którzy zostają w domu z dzieckiem. Czy to jest niemęskie?

Mało jest takich. Ale role się zmieniają i jeśli para sobie tak poukładała codzienność, to dobrze. Najlepiej się sprawdzi wariant wykalkulowany. Jeżeli on zarabia 1800 zł, a ona 5000 zł, to opłaca im się, żeby ona wróciła do pracy. Znam takie związki.

Czy on łatwo przystosuje się do tej roli?

Różnie to bywa. Zależy, jak go traktuje partnerka. Jeśli jest to dla nich trudny czas i oboje są świadomi tego, że ta sytuacja nie będzie trwać wiecznie, ona mu współczuje, mężczyzna to zniesie. Ale jeśli przy tej okazji zakwestionuje jego męskość, to może być dramat dla związku. Ważne jest też, jak otoczenie przyjmie tę zmianę. Jeżeli on zobaczy drwiące uśmiechy kolegów, że jest mamusią i garkotłukiem, w końcu ambicja męska zareaguje. Jeśli praca była dla niego powołaniem, a musiał z niej zrezygnować, taki układ będzie go stresować.

Znałam mężczyznę, który mówił: „Kocham dzieci kobiety, z którą jestem". Swoich nie kochał.

To bardzo rzadko spotykane. Być może matka jego własnych dzieci zawsze tworzyła obóz przeciwko niemu: dzieci są moje, podobne do mnie, a ty – zostań na zewnątrz. Albo dzieci stanęły murem za matką w sytuacji konfliktu. Na ogół przychodzą do mojego gabinetu mężczyźni, którzy mają rozdarte serca, bo się rozwodzą i bardzo przeżywają oddalenie od dziecka. To są dramatyczne sytuacje, bo kobiety nagminnie grają dziećmi przeciwko partnerowi. Karzą go w ten sposób. Najczęściej pozbawiając kontaktu z dzieckiem. Nie ma tygodnia, żebym nie miał takiego przypadku. Dramatyczne. Ślepota emocjonalna tych pań jest zastraszająca. Poza tym ona zawsze potrafi to uzasadnić, zracjonalizować, nigdy nie powie wprost, że chce go ukarać. W takich sytuacjach mężczyźni są bardzo nieszczęśliwi. Teraz trochę się poprawiło w sądach rodzinnych. Kiedyś niemal z automatu przyznawano opiekę matce. Teraz stopniowo się to zmienia.

Co w takiej sytuacji można poradzić mężczyźnie?

Są kroki prawne i terapeutyczne. Na taką sprawę trzeba patrzeć w perspektywie wieloletniej. Radzę im, żeby po prostu byli cierpliwi. Dzieci nie są jak plastelina, nie da się ich w nieskończoność negatywnie nastawiać wobec ojca. Bardzo często, kiedy dorastają, relacje się odbudowują. Zdarza się, że zbuntowane przez matkę obracają się później przeciwko niej. Dlatego w takich przypadkach pokazuję mężczyznom proste wyjście. I jedyne: bądź zawsze dobrze nastawiony do dziecka, nawet jeśli kontakt jest śladowy. To ono kiedyś cię znajdzie, bo pozna inną prawdę, np. na temat przyczyn rozwodu.

Co pan sądzi o adopcji dzieci przez pary homoseksualne?

Badania dowodzą, że dzieci wychowywane przez dwóch ojców czy dwie matki nie ujawniają zachowań homoseksualnych. Sprawa dyskusyjna jest zupełnie inna, banalna. W jakim środowisku te dzieciaki się wychowają i jak to środowisko je przyjmie? Młodzież w szkole jest okrutna. Niech pani sobie teraz wyobrazi: idzie do szkoły dziecko, które ma dwóch tatusiów. No to huzia na niego. Jeżeli jednak takich rodzin będzie coraz więcej, sytuacja się zmieni.

W głośnym ostatnio amerykańskim filmie „Wszystko w porządku" dwie lesbijki wychowują syna i córkę. Dzieci spotykają się ze swoim biologicznym ojcem i są bardzo poruszone.

To szerszy problem. Miałem takich pacjentów i pacjentki, którzy dowiedziawszy się, że ich ojciec biologiczny żyje, uporczywie go szukali. Nawet latami. Byli ogromnie zdeterminowani. Zastanawiam się, co będzie, gdy dzieci z probówek w przyszłości będzie coraz więcej. Na pewno będą ciekawe, kim są ich ojcowie. A przecież nie są elitarną grupą. Nasienie sprzedają ci, którzy potrzebują pieniędzy, np. biedni studenci. Mogą wyniknąć z tego spore problemy tożsamościowe, psychologiczne. Dlatego niektóre matki kreują legendę rodzinną, że ojciec nie żyje czy wyemigrował itd. Jak na razie w mojej praktyce nie miałem dziecka z probówki. My na razie gdybamy. Ale taki rozwój sytuacji jest wielce prawdopodobny.

Do czego to nas zaprowadzi?

Kiedyś funkcjonował pogląd: wszyscy będziemy unisex. Nie do końca się z tym zgadzam.

Mamy zróżnicowania w mózgu, a poza tym życie też się zmienia. Nie wszystkim odpowiada wyścig szczurów, rywalizacja. Znam kobiety, które są bardzo wykształcone i jednocześnie kobiece. Bardzo dużo zależy od warunków ekonomicznych. Jeśli przyjdzie kryzys finansowy, nastąpi jeszcze większa rywalizacja, walka o pracę, o znaczenie. I wtedy mogą się zaostrzyć relacje między płciami. Nie wróżę jednak niczego pesymistycznego.

Sądzę, że każdy model męskości i kobiecości zgodnie z naszą naturą znajdzie sobie miejsce w życiu społecznym. Owszem, proces maskulinizacji kobiet jest faktem, niewieścienia mężczyzn jest faktem, ale nawet kiedy mam się powołać na badania, do których mam duży dystans, nie wynika z nich, że większość kobiet jest zmaskulinizowana. Większość populacji męskiej i kobiecej jest androgeniczna, czyli współistnieją w nich cechy męskie i kobiece. I to właśnie skłania do relacji partnerskich. Natomiast zmniejsza się populacja kobiet kobiecych i zmniejsza się populacja mężczyzn męskich.

W jakim punkcie jesteśmy teraz?

Na przejściu w kierunku kultury, która dominuje w krajach zachodnich, z jej równouprawnieniem i partnerstwem.

Jak dzisiaj mężczyźni odnoszą się do kobiet?

Bardzo wysoką pozycją kobiety charakteryzowała się kultura sarmacka. Panie otaczano ogromnym szacunkiem. Z prac historyków wiemy, że dbano o ich satysfakcję, także seksualną, i zachęcano je do aktywności. Wyróżnialiśmy się w Europie. Po wojnie mamy do czynienia z przeważającymi elementami kultury wiejskiej, zanikającej robotniczej z jej klasycznym podziałem ról. W zasadzie jest to wciąż tygiel społeczny, na który nakłada się awans pierwszego, drugiego pokolenia. W takich środowiskach nie ma szczególnej atencji wobec kobiet.

Dokąd zatem zmierza mężczyzna?

Jego przyszłości nie postrzegam optymistycznie. Żadne czasy pokoju nie trwają wiecznie. Teraz się bardzo zwiększa populacja męska i jest ich więcej od kobiet.

Będzie wojna?

Niekoniecznie wojna, a jeżeli już – raczej wojna o kobiety. Realna wojna. Jeżeli nadal będzie się rodziło więcej chłopców niż dziewczynek, za dwadzieścia kilka lat możemy zderzyć się z naprawdę poważnym problemem deficytu kobiet na świecie. Zemści się także zabijanie noworodków płci żeńskiej w Chinach. Załóżmy, że sto milionów Chińczyków nie ma szans na znalezienie partnerki. Nie zapędzą ich do życia w celibacie. Będą mogli swoich partnerek poszukać gdzie indziej, np. w Europie. Mówi się często o wojnie o wodę albo o wojnie o surowce, o energię, a nie uwzględnia się wojny populacyjnej. Przecież taka armia wyposzczonych mężczyzn jest bardzo agresywna. Przypomnijmy sobie historię statku Bounty, którego męska załoga pozabijała się nawzajem, walcząc o kobiety. Dlatego jeżeli nastąpi wojna populacyjna, świat może stać się groźny. Jeśli jednak proporcje między urodzinami chłopców a dziewczynek wrócą do równowagi, kobiety zwyciężą na wszystkich polach i usuną w cień mężczyzn. Nie wykluczam, że powstanie religia typu matriarchalnego.

Powtórka z „Seksmisji”?

To może iść w tym kierunku. Bo jaką płeć ma Bóg?

Męską.

Bóg jest mężczyzną, naprawdę?

No, tak...

No więc właśnie. Kiedyś przedstawiano Boga jako leciwego starca mężczyznę, Jezus Chrystus to był bez wątpienia mężczyzna, i Duch Święty – bezpłciowy gołąbek. Czyli w Trójcy dominował aspekt męski. Dzisiaj mówi się i to coraz głośniej, że Bóg ma ojcowsko-macierzyńską strukturę. Tak twierdzą nawet teolodzy. Dlaczego więc za sto lat nie może być bardziej macierzyński niż ojcowski? Nic przecież nie stoi temu na przeszkodzie. Poza tym potencjał, jaki mają kobiety, sprawia, że one mogą rywalizować z mężczyznami prawie na wszystkich polach. Począwszy od prowadzenia odrzutowców, przez informatykę, medycynę, ekonomię. A do tego mają w sobie większy potencjał seksualny. Lepiej są przystosowane do życia, a także w kwestii rozmnażania mogą się obyć bez mężczyzn. A panowie mają coraz większy kłopot z płodnością.

Planeta kobiet? Może dojść do tego, że akt seksualny będzie po nic?

Jeżeli akt płciowy nie będzie miał na celu prokreacji, to kobieta załatwi sobie prokreację dzięki bankom nasienia lub innym rozwiązaniom. Jest jeszcze inna rzecz: substytuty w postaci robotów. To one mogą zastąpić prawdziwych mężczyzn. Dzisiaj, co prawda, wyglądają jeszcze wstrętnie, ale kiedyś w końcu się uczłowieczą. I w sensie wyglądu, i innych parametrów. Więc może być tak, że żywy mężczyzna nie będzie konieczny do zaspokajania potrzeb kobiety, natomiast nie przestanie istnieć jako wartość dla niej samej. One będą chciały być podziwiane, adorowane, tak więc on będzie jeszcze potrzebny, ale czy to będzie partner, czy bluszcz kobiety, zobaczymy. Za sto lat dzięki rozwojowi technologii będzie można mieć narządy, jakie się będzie chciało. Już na poziomie płodu wybierzemy płeć dziecka. Poza tym za pomocą genetyki pewne cechy rodzicielskie będzie można eliminować bądź wprowadzać.

Ale miłość będzie ważna?

Miłość zawsze będzie ważna, bo bez miłości nie byłoby sensu życia.

Rozdział IV.

O jego mrocznych stronach

Rozdział IV.

Męskie rozmyślania i fantazje / kreatywność w łóżku / syndrom „posiadania" / wyrafinowany sposób myślenia / poziom testosteronu mówi wiele / pornograficzna konkurencja / panowie przed ekranem komputera / fetyszyści i ci pełni wigoru

Podobno panowie myślą o seksie co siedem sekund?

Na takie badania trzeba patrzeć trochę z przymrużeniem oka, ale generalnie na pewno myślą częściej niż kobiety. Mózgi męskie są ewolucyjnie ukierunkowane na seks. Struktury mózgowe ułożone są tak, że on ma częściej skojarzenia, fantazje i myśli erotyczne.

I jakie obrazy mają w głowach?

Lepiej, żeby panie tak bardzo się nie dobijały do męskiej wyobraźni. Niech nie pytają swoich ukochanych zbyt często: „O czym myślisz?", bo mogą się niesłychanie przerazić. Jest to zupełnie inny typ wyobraźni, przesycony erotyzmem i zmysłowością, czasem bardzo dosłowną. Wprawdzie są romantycy, którzy marzą o plaży w tropikach, po której idą z tą jedyną, trzymając ją za rękę. Ale to wyjątki. Wielu panów ma np. fantazje związane z przemocą. Wyobrażają sobie, że zdobywają partnerkę albo że ona uprawia seks z innym.

Poza tym istnieją erotyczne marzenia, które specjaliści zaliczają do dewiacyjnych: pedofilia, zoofilia. To wszystko wynika z eksploracyjnego, męskiego postrzegania świata. Większość młodych panów w okresie dojrzewania, przed rozpoczęciem życia erotycznego, fantazjuje na ten temat. Układają scenariusze w głowie: jak to ma wyglądać. Może być tak, że najpierw sobie odważnie coś wyobrażają, a potem chcą to zrobić w rzeczywistości. Wielu prowadzi podwójne życie seksualne: jedno realne, inne – w głowie. Seks z partnerką to jedno, a bujne rozmyślania – to drugie. Świat fantazji może być równoległy tematycznie, ale może być całkowicie rozbieżny. Czasami wkrada się do sypialni. Podczas seksu on imaginuje sobie, że jest z kimś innym i co innego robi.

Czy to groźne dla związku?

Nie. Pod warunkiem że to dobry związek. Fantazję pobudza byle bodziec – podczas oglądania filmu nagle mężczyzna może zacząć wyobrażać sobie, że uprawia seks z aktorką. Ma o tym powiedzieć swojej żonie? To drugie erotyczne życie może stać się przeszkodą wtedy, kiedy seks z partnerką nie zaspokaja jego potrzeb – wówczas ten niedostatek on rekompensuje sobie wyobraźnią. Ale świat tych marzeń nie zawsze mu wystarczy i może z nim pójść na zewnątrz, czyli np. do agencji towarzyskiej, żeby zmaterializować swoje imaginacje. Świat męskich fantazji generalnie nie ma granic. Niechętnie się nimi dzielą.

Nawet z panem?

Nawet ze mną. Oni są czasami nimi zaniepokojeni. Myślą o sobie: „Może nie jestem do końca normalny, jeżeli mam wyobrażenia na granicy patologii?”.

A jest normalny?

Dopóki nie będzie realizował ich w rzeczywistości, jak najbardziej tak. Nie jest łatwo się przyznać do upojenia myślami, w których ukochana uprawia seks z innymi mężczyznami – co jest bardzo częstą fantazją. Panowie w ogóle, nie tylko w kwestiach erotyki, boją się, że wyjdą na głupków. Dlatego unikają także testów na inteligencję.

Czy pornografia wpłynęła na męskie fantazje?

O tak, w znaczący sposób je zubożyła. Przed erą pornografii świat męskiej wyobraźni był bogatszy. Bez dostępu do pornografii marzenia seksualne musiały zostać wytworzone samodzielnie, bez pomocy z zewnątrz.

Z czego mężczyzna czerpie pomysły?

Niektórzy są bardziej twórczy w tej dziedzinie, inni – mniej. Pornografia na pewno pomaga tym mało kreatywnym, ale z kolei – rozleniwia tych o wybujałej wyobraźni. Ci, którzy na kontakt ze śmiałymi filmami czy zdjęciami mają dużo czasu, nie muszą już fantazjować, bo mają obrazy podane na talerzu, nie muszą niczego wymyślać. Podobnie jak ci niezbyt kreatywni w tej dziedzinie. Zobaczą pornograficzny obraz i doznają olśnienia, „że w taki sposób również można!". Ale jest to wyobraźnia wzbudzona z zewnątrz. W niektórych przypadkach ma to dobre strony. Mój przyjaciel ma domek w zapyziałej wiosce, wyjątkowej, mającej słaby kontakt ze współczesnym światem. I tamtejszym mężczyznom przywiózł kiedyś film porno. Oglądali go z wypiekami na twarzy.

Wręcz naocznie można było się przekonać, jak uruchamia się ich wyobraźnia. Oni po prostu nie wiedzieli, że można TAKIE rzeczy robić.

Ale co my tu rozmawiamy o mężczyznach, już przedszkolaki fantazjują! Radziłbym jednak swoje imaginacje trzymać w karbach. Bo jeśli się rozleją w niekontrolowany sposób, można się stać ich zakładnikiem. Tak jest w przypadku uzależnienia od seksu.

Kiedy mężczyzna powinien wyczuć moment tracenia kontroli nad wyobraźnią?

Wtedy, kiedy zauważa, że ona staje się ważniejsza od rzeczywistości. Bo to oznacza, że powstała nowa jakość decydująca dla jego seksualności. Wyobraźmy sobie mężczyznę, który zaczyna odchodzić w myśli o gwałceniu kobiet. Ale swoje partnerki traktuje porządnie. Kiedy jednak tamten świat zaczyna być coraz bardziej atrakcyjny, może naprawdę dojść do gwałtu. Ten jego obraz z głowy może przejść w rzeczywistość, bo fantazje poprzedzające zdarzenie przygotowały go do tego.

Czy to już jest zaburzenie?

Jeżeli zgwałci, jest to przestępstwo. Natomiast widać tu wyraźnie, jak wyobraźnia zdobyła władzę nad mężczyzną, na tyle, że dopuścił się przestępstwa, chociaż doskonale zdawał sobie sprawę z tego, co robi. Gwałciciele z reguły są świadomi tego, co czynią.

Myślałam, że gwałt jest zawsze związany z zaburzeniami.

Nie musi. Poza tym wyobrażenia gwałtu nie są postrzegane przez samych zainteresowanych jako patologiczne. Np. jeżeli mężczyźnie podoba się niedostępna dla niego kobieta. Jeśli naprawdę bardzo jej pragnie, może fantazjować wokół gwałtu. Co się wydarzy, jeżeli przypadkowo ona znajdzie się w jego zasięgu? Imaginacja może zostać uruchomiona. I urzeczywistniona. Wtedy taki gwałt niesie ze sobą komunikat: „Zdobyłem cię, bo tylko na takiej drodze mogłem cię posiąść". Nie pochwalam tego rzecz jasna, ale rozumiem mechanizm. Ostatnio rozmawiałem z gwałcicielem. Bezrobotny, bez pieniędzy, kobiety od niego stronią, bo nie jest atrakcyjny. Seks jest więc dla niego nieosiągalny także w agencjach. Czyli w jego mniemaniu: jeśli chce mieć stosunek z kobietą, musi ją zgwałcić.

Seks z kobietą nie jest wówczas żadnym aktem miłosnym.

Nie. To zdobycie. To, że ją miał, daje mu satysfakcję. Zdobycie to zresztą bardzo potężny motyw seksualny i nie wiąże się tylko z tak drastycznym zachowaniem jak gwałt. Weźmy np. kobietę medialną – Dodę. Niejeden pan marzy, żeby zdobyć Dodę. I wyobraźmy sobie, że doszło do tego dobrowolnie. Facet jest później długi czas usatysfakcjonowany, że zdobył tę kobietę. Myśli (i mówi): „Wy ją podziwiacie, a ja ją miałem". Fakt stosunku seksualnego oznacza, że ją zdobył. A że ona zaraz pójdzie do innego, nie ma już znaczenia.

Ale co oznacza sformułowanie „miałem ją"?

Wejście w jej ciało, wniknięcie, pozostawienie swojego śladu. Zdobycie. Do tego musi dochodzić kobieca uległość albo akceptowana, albo wymuszona. I jest jeszcze wyższy poziom wtajemniczenia, czyli sytuacja, że ją rozkochałem. To jest jeszcze większa zdobycz. Są tacy łowcy. Dla niej to gorszy scenariusz, bo ona prędzej czy później się zorientuje, że była manipulowana. W gruncie rzeczy to jest inny typ gwałcenia.

Mówi się często: „Zgwałcił ją, bo sama się prosiła; po co chodzi w krótkiej spódniczce?". Niedawno kobiety szły w prowokacyjnym Marszu Dziwek, podczas którego protestowały przeciw obarczaniu ich winą za gwałty. „Mój strój nie jest zaproszeniem", „Ubiór nie oznacza TAK", „Robię, co chcę, z moim gorącym ciałem". Mają rację?

Dla gwałtów nie ma żadnego usprawiedliwienia. Każdy mężczyzna musi umieć wycofać się w każdym momencie stosunku seksualnego, choćby tylko dlatego, że ona może nagle zmienić zdanie. Ale specjaliści zajmujący się gwałtami uważają, że ich część wynika z przekroczenia przez kobiety progu wrażliwości i wytrzymałości płci męskiej, nieświadomie lub świadomie przez nie prowokowanej. W przypadku tych, które zrobiły to nieświadomie, widać jak na dłoni kompletną nieznajomość specyfiki i odmienności seksualnej płci przeciwnej. Znam przypadki pań igrających z ogniem, które nagle stawały się współuczestniczkami niechcianego przez nie epilogu.

Mężczyźni mają o wiele mniejszy próg wrażliwości erotycznej. Zachowanie, wygląd, słowo, dotyk, pieszczota ze strony kobiety są dla niego silnymi bodźcami erotycznymi. Siła jego reakcji na taką sytuację zależy od temperamentu, samopoczucia, sytuacji, stopnia samokontroli. U jednych reakcja rozwija się stopniowo, u innych szybciej. Jeżeli dochodzi do tego alkohol czy pornografia, potrzeby i wyobraźnia erotyczna ujawniają się z wielką siłą. Dlatego jeżeli podczas jakiejś imprezy ona ogląda z mężczyzną pornografię, piją alkohol, i jeszcze wysyła do niego sygnały erotyczne, niech nie będzie zdziwiona, że on zapragnie mieć z nią stosunek. To, że ona może mieć po prostu taki zalotny sposób bycia i nie chce niczego więcej, wcale nie musi być dla niego jasne. Bowiem fakt, że jedna strona ma określony próg wrażliwości i zna granicę flirtu, wcale nie musi oznaczać, że druga strona odczuwa tak samo.

Czyli bez flirtowania i ładnego ubierania się na imprezę, bo zgwałcą?

Nie przesadzajmy. Natomiast na pewno nie radzę igrać z ogniem. Jedna z moich pacjentek została zgwałcona, bo najzwyczajniej w świecie prowokowała swoim zachowaniem i bawiła się reakcjami mężczyzn, upokarzając ich przy tym. Nie uważam też, że nadmierne kreowanie się na osobę doświadczoną w sprawach erotyki i obnoszenie się z dużym temperamentem seksualnym jest właściwe. Przestrzegam także przed doprowadzaniem mężczyzny do sytuacji „krańcowej", a potem nagłą odmową „nieszkodliwej zabawy". Są także kobiety, które zupełnie nieświadomie, przez swój wrodzony seksapil, wzbudzają w płci przeciwnej pewne nadzieje i oczekiwania. Podkreślam, nie oznacza to bynajmniej, że damska prowokacja – świadoma lub nie – może usprawiedliwiać wymuszenie seksu. Sądzę tylko, że należy kontrolować swoje zachowania i mieć świadomość, jak możemy być odbierani przez innych. To, co my czujemy, wcale nie musi być tożsame z tym, co odczuwa druga strona. Warto o tym pamiętać.

Czy mężczyźni mogą sterować swoją wyobraźnią?

Oczywiście. Jednego dnia mężczyzna może w swojej głowie zrobić sobie seans z Mulatką na Hawajach, a następnego – w domu publicznym w Azji. Może również występować wyobraźnia spontaniczna. On widzi daną kobietę i uruchamia wyobraźnię podpowiadającą, co by z nią zrobił.

Czy jeśli w fantazji mężczyzny pojawia się często obraz innej kobiety niż partnerka, jest to zagrożenie dla związku?

Nie. Panów, którzy odpływają w myślach o swojej tylko partnerce, jest naprawdę niewielu. To samo dotyczy ich snów erotycznych. Bardzo często pojawiają się tam obce kobiety. A w snach płci pięknej częściej pojawiają się mężczyźni już znani. Właściwie w życiu w każdej sytuacji na coś sobie dajemy zgodę albo nie. I fantazje erotyczne najczęściej nie budzą naszych obaw. Z krótkim wyjątkiem wczesnego dojrzewania, kiedy w męskim mózgu szaleje burza hormonów. Najlepszym przykładem jest wojna z masturbacją. Dwa wieki temu to był w naszej kulturze horror. Mężczyzna podlegał bolesnemu cyklowi. Masturbował się, ogarniało go poczucie winy, pędził do konfesjonału, gdzie słyszał: „Nie rób tego więcej". Po trzech dniach znowu to samo. To dowód na to, jak seks może być silny w pewnej fazie życia panów. Ale po okresie wczesnego dojrzewania uczą się panowania nad pożądaniem.

Istnieje jedna niebezpieczna sytuacja z męskimi fantazjami – jeśli bardzo często w jego wyobraźni pojawia się ta sama, znajoma kobieta. Bo jeżeli ona staje mu się już tak bardzo bliska, że ma potrzebę nieustannego bycia z nią w marzeniach, jest to początek końca realnego związku. Kiedy dochodzi do spełnienia, może się okazać, że następuje prawdziwe szaleństwo i ekscytacja. Tak się dzieje podczas wakacyjnych romansów. Powiada się, że to tylko przygoda. Sprawa wcale nie jest taka oczywista, choć banalnie prosta. Idąc z kimś do łóżka, nigdy nie wiemy, jaki będzie efekt. Sięgamy po przygodę, a ona może się okazać bardzo głębokim uczuciem na całe życie. Łóżko może nam pokazać jakąś urokliwą prawdę o drugiej osobie. Wspólna noc była iskrą, która rozpaliła płomień... Nieprzewidywalne. Dlatego ostrożnie z wakacyjnymi romansami, bo mogą one zmienić całe nasze życie.

Siła męskiej wyobraźni zależy także od poziomu hormonów?

Mężczyzna z wyższym poziomem testosteronu ma barwniejszą wyobraźnię.

Co się dzieje w umysłach panów żyjących w celibacie?

Mózgi mają te same, tak samo reagują na seks. Gdy zobaczą dziewczynę w mini, od razu widzą ją nago. Nie mówimy o tych, którzy celibat omijają, ale o tych, których on męczy, ale chcą mu dochować wierności. Oni mają takie same skojarzenia na temat płci pięknej jak zwykli mężczyźni, ale dochodzi element religijny. Fantazje mogą traktować jako pokusę szatana: „Ty mnie kusisz, ale tylko ciałem jesteś i diabłem w dodatku". W ten sposób deprecjonują atrakcyjność kobiet. A inni idą w kierunku angelizacji. Z pań czynią anioły, matki Polki, dziewice. A kult dziewictwa oznacza, że ona nie jest kusicielką i można do niej żywić jedynie miłość duchową.

Wyobraźnia u każdego mężczyzny jest normalną wyobraźnią erotyczną. Nie ma się co nad księżmi specjalnie rozczulać, bo świadomie wybrali taką drogę. Mogą się z niej wycofać i część to robi. Poza tym, jeżeli nie dochowują celibatu, też nie jest im aż tak źle, bo wbrew pozorom w takich przypadkach obowiązuje wysoka tolerancja społeczna, zwłaszcza ze strony kobiet. Od niego wymaga się tylko, by nie był hipokrytą. Jeśli natomiast w parafii wszyscy wiedzą, że ksiądz utrzymuje zażyłe kontakty z przyjaciółką i jeszcze ma z nią dziecko, a z ambony grzmi na cudzołożników, wówczas ludzie potraktują go z ogromną niechęcią. Ale jeśli nie dotyka tej tematyki, przez lokalną społeczność zostanie zaakceptowany. A nawet może być ceniony: „Z naszego księdza to równy gość, normalny facet, dba o swoją rodzinę, zna życie i nie wygłupia się z moralizowaniem" – mogą pomyśleć o nim parafianie. Sporo duchownych traktuje seks jako normalną potrzebę. W czasie wakacji chowają koloratkę, jadą daleko poza swoje miejsce zamieszkania i spotykają się z kobietą, która może nigdy nie dowie się, że spała z księdzem.

A co ma zrobić zakonnik, jeśli obudzi się w czasie mocno erotycznego snu?

Może pomyśleć, że jest to pokusa diabła. A wiara w szatana odzywa się coraz częściej, o czym świadczy liczba egzorcyzmów. Gdy w młodości byłem ministrantem, na Polskę było zaledwie dwóch egzorcystów, a teraz jest ponad stu. W mojej praktyce kilkakrotnie spotykałem się z księżmi, którzy porzucili Kościół i założyli własne rodziny. Jeden z nich poznał swoją przyszłą żonę w czasie, kiedy był wikarym. Spodobał się jej, był przystojny, miał nowoczesne poglądy. To on wyznał jej miłość, zostali kochankami. On opuścił Kościół, ożenił się z nią, urodziły im się dzieci. Zawsze dużo się modlił, ale po pewnym czasie – zaczął to robić także po każdym stosunku seksualnym. Kobieta, mimo że była pobożna, miała dosyć tej „dewocji". Były ksiądz wyznał mi, że związek nie dał mu szczęścia, podobnie jak praca naukowa na uczelni. Wciąż czuje się księdzem, ma poczucie winy po kontaktach seksualnych, żona przestała go podniecać. O innych kobietach – nie myśli. Czuje się zagubiony, bo nadal chce być odpowiedzialnym mężem i ojcem, ale nie potrafi. Z tego, co mi wiadomo, poddał się psychoterapii.

Panie profesorze, co takiego jest w męskim mózgu, że potrzebuje on pornografii?

Potrzebuje bodźców, zmienności, a tego pornografia dostarcza w sporej ilości. Miałem na terapii parę: młodzi ludzie, pełni sukcesu, o zbliżonych temperamentach seksualnych i udanym pożyciu. Po roku wspólnego życia u niego nastąpił spadek zainteresowania erotyką – kochali się najpierw raz w tygodniu, potem raz na dwa tygodnie, potem raz na miesiąc. Ona myślała, że mu się znudziła. On – gorliwie zaprzeczał. Ona wkładała bieliznę erotyczną, pieściła go oralnie – on reagował bez entuzjazmu. W końcu zaczęła czuć się upokorzona takim zmuszaniem go do współżycia. Kiedy pewnego miesiąca kochali się tylko raz, po powrocie z filmu, który zawierał śmiałe sceny, rozjaśniło jej się w głowie. Okazało się, że jej partnera najbardziej podnieca seks w sieci. Masturbował się kilka razy w tygodniu w trakcie oglądania pornografii. Ona nigdy go o to nie podejrzewała, bo dobrze się maskował. Powiedział: „Ta forma seksu jest dla mnie atrakcyjna, bo zaspokajam się powoli, jestem skoncentrowany na sobie, nikt tak dobrze nie zna moich wrażliwych miejsc jak ja sam, mam własne sposoby pobudzania się, czuję się wtedy bardzo dobrze". Stosunek z żoną jest dla niego atrakcyjny, ale o wiele mniej, bo – jak twierdził – musi się koncentrować bardziej na niej, pobudzać ją.

To mógł się ożenić z komputerem...

Powiedział także, że wprawdzie żona nie odmawia mu seksu oralnego, ale on czuje, że nie sprawia jej to wielkiej satysfakcji. Poza tym, okazało się, że z poprzednimi partnerkami preferował „szybkie numerki", a jego żona – nie pasowała mu do schematu dziewczyny, która lubiłaby coś takiego. Mężczyzna prezentował bardzo typową wobec kobiet postawę, zwaną zespołem madonny i ladacznicy, czyli dzielenia ich na łatwe, nadające się do szybkich numerków, i porządne, którymi trzeba się w łóżku zająć.

Co pan mówi mężczyznom uwiązanym przez cyberseks czy pornografię? „Rzuć pan to w diabły"?

Oczywiście, bo kobiety nie akceptują takiej konkurencji. Takie związki często się rozpadają, a panie czują się zaniedbane. W przypadku tej pary mężczyzna dostał do odrobienia pracę domową polegającą na tym, że ograniczał oglądanie filmów pornograficznych i masturbację. Rozmawiał także z żoną o różnych wariantach seksu. Okazało się, że on tak naprawdę nie zna jej preferencji i temperamentu, ponieważ wyszło na jaw, że ona nie ma nic przeciwko szybkim numerkom.

W takich przypadkach przychodzą do pana z własnej nieprzymuszonej woli czy przyprowadzają ich partnerki?

Różnie. Przychodzą także sami, bo widzą, że stracili kontrolę nad sytuacją. Akurat pacjentów z takimi kłopotami nie brakuje. Jeżeli on czuje przymus oglądania pornografii w sieci i źle to wpływa na relacje z partnerką, to nic dziwnego, że jest zaniepokojony. Najczęściej jest wręcz uzależniony od rytuału: musi oglądać te filmy i zdjęcia coraz częściej, ten świat już go wchłonął. A uwarunkowawszy się na te szybko zmieniające się obrazy, przestał reagować na partnerkę. I to właśnie wtedy, w takich skrajnych sytuacjach, żeby mieć święty spokój – udaje orgazm.

Czyli przestał ją kochać?

Kocha, ale rozdziela seks od uczuć. Podobnie jak wtedy, kiedy idzie do prostytutki – nie zakochuje się w niej. I kiedy korzysta z usług tirówki, również nie. Ale z nimi obiema potrafi mieć bardzo udany stosunek.

Ale czy oglądanie filmu pornograficznego daje mu więcej przyjemności niż przytulanie się do realnej kobiety?

To zależy, o jakim poziomie atrakcyjności mówimy. Jeśli mówimy o bodźcach wizualnych, to przytulana przez niego kobieta jest jedna, jedyna. Ale na ekranie telewizora zobaczy w ciągu jednego wieczoru nawet kilkaset kobiet.

Czyli żadna kobieta nie wygra z pornografią?

Wygra. Bo poziom tej wizualności to pierwszy, podstawowy poziom erotyczny. Na wyższych poziomach są już inne bodźce: czuciowe, dotykowe, nastrój. Zjednoczenie partnerów. Tego nie da nigdy żadna pornografia. Jeżeli jednak mężczyzna poprzestaje tylko na poziomie wizualnym i dotykowym tylko w takim stopniu, żeby mieć wytrysk, wówczas kobieta ma pełne prawo obawiać się, że z tym nie wygra. Ale jeśli on dojdzie do głębszych poziomów w relacji z partnerką: kiedy go podnieca jej oddech, dotyk ciała, bycie w niej, połączenie, wtedy bodźce wizualne są już na innym planie. Są mężczyźni, których pornografia razi, dla których jest to powierzchowne.

Czy kobieta może przenieść mężczyznę z pierwszego poziomu na drugi, wyższy?

Może. Wyobraźmy sobie mężczyznę, który pierwszy raz uprawia seks z partnerką. Najchętniej robiłby to jak ginekolog – oglądał ją ze wszystkich stron, widział jej nagość. Na pewno będzie pieścił ją oralnie, żeby czuć wszystkie części jej ciała. W normalnym związku po pewnym czasie wizualność już nie ma takiego znaczenia, mężczyzna zaczyna bardziej koncentrować się na bodźcach czuciowych. Ruchy w niej, ciepło jej ciała, dotyk, zapach włosów, dźwięk głosu. Inaczej mówiąc, wzrokowiec staje się czuciowcem. Fotel ginekologiczny znika. Nie ma eliminacji bodźców wzrokowych, ale jest wyraźne przeniesienie akcentów.

Kobiety nie przepadają za oglądaniem ich jak na fotelu ginekologicznym i same naprowadzają partnerów na bodźce czuciowe. Jeżeli on uprawia tylko seks ginekologiczny, ona daje mu komunikaty zniechęcające, np., że nie lubi tego typu pieszczot. Nagradza za to te, które są dla niej przyjemne. To jest normalny trening między kochankami. Zresztą bywa tak, że pornografia staje się wspólną przyjemnością jej i jego, jeśli ona też akceptuje ten typ ekspresji erotycznej. Zalecam jednak ostrożność w sprawdzaniu jej reakcji, bo jednak przeważnie one tego nie znoszą. Najlepiej najpierw wspólnie obejrzeć łagodny film erotyczny, a potem włączyć pornograficzny i zobaczyć, jaka będzie jej reakcja. Kiedy ona powie, że to jest wstrętne, to zatrzymujemy, i stop, koniec. Ale bywa, że w związku szwankuje komunikacja, obie strony wstydzą się swoich reakcji, i dopiero oglądanie takich filmów staje się przełomem, bardzo dobrze wpływa na relacje seksualne. Bywają też takie pary, dla których po obejrzeniu takich obrazów nic się nie zmieniło, a tylko zwiększyło się zażenowanie sobą. Pornografia nie jest dla wszystkich, może przynieść efekt odwrotny do zamierzonego.

Czy pornografia może nieśmiałym panom pomóc w byciu odważniejszym wobec kobiet?

Wszystko zależy od tego, co się ogląda. Jeśli w tych filmach panie są wyzwolone, same zdobywają mężczyzn, są ekspansywne, wtedy on może uwierzyć, że takie kobiety rzeczywiście istnieją: same się rozbiorą, pobudzą i przeżyją orgazm. To go być może trochę ośmieli – nie wiadomo tylko, czy w życiu realnym trafi na taką partnerkę. Natomiast jeżeli ogląda pornografię, w której to mężczyzna jest zdobywcą i to on jest stroną aktywną, a ona uległą, na pewno nie wpłynie to na wzrost jego śmiałości do płci pięknej.

Kiedy oglądanie pornografii staje się problemem?

Gdy przyjmuje formę uzależnienia. Kiedy mężczyzna korzysta z niej np. tylko w wolnym czasie. To forma afrodyzjaku, zaspokojenia ciekawości. Natomiast gdy musi to robić regularnie, staje się to niebezpieczne. Jeżeli bez pornografii nie potrafi się podniecić i mieć erekcji. Takie obrazy są bodźcem stymulującym. U kogoś rzadko je oglądającego wzrasta nieco poziom testosteronu. U uzależnionego od nich poziom tego hormonu już nie rośnie – mężczyzna musi stosować stale nowe bodźce, aby się pobudzić.

Jak sobie z tym radzić? Iść do seksuologa?

Tak. Pornografia prowadzi do tego, że mężczyzna staje się samowystarczalny seksualnie, potrafi sam sobie swoje potrzeby zaspokoić. Nie ma tygodnia, żebym nie leczył z tego panów.

A jak się z tego leczy? Farmakologicznie?

Różnie. To zależy od stopnia zaawansowania. Nie ma jednej metody. Najpierw trzeba to zdiagnozować, później dobiera się odpowiednią opcję.

Kolejna mroczna strona mężczyzn – korzystanie z usług prostytutek. Czemu to robią?

Widocznie są im potrzebne, skoro jest to najstarszy zawód świata i nikt go jeszcze nie zlikwidował. Od razu zastrzeżenie – nie wszyscy z niego korzystają. Nie mamy w tej kwestii wiarygodnych badań, ale ja mogę to stwierdzić chociażby z doświadczenia jako seksuolog z wieloletnią praktyką. Ale faktycznie, prostytutek jest masa i mężczyzn korzystających z ich doświadczenia raczej sporo. Jedna przyczyna to taka: głodny, niezaspokojony seksualnie udaje się do agencji towarzyskiej. A może być głodny. Dlaczego? Bo partnerka odmawia mu takiego rodzaju seksu, który on szczególnie lubi. Najczęściej chodzi o stosunek oralny. To bardzo proste – ma go z prostytutką, i tyle. Bywa i tak, że jest w związku z partnerką bardzo wymagającą, przy której musi się mocno „napracować". W agencji ma kobietę dyspozycyjną, która robi to, co on chce, bez najmniejszego wysiłku z jego strony. Grzechem byłoby nie skorzystać. Jest jeszcze zwykła ciekawość, ale to zwykle kończy się na jednym razie. Nieraz słyszę od partnerek panów: „Dlaczego on poszedł do agencji? Jak on się nie brzydzi?". Są kobiety, które mają wysokie poczucie własnej atrakcyjności i dla nich jest niepojęte, jak on mógł tam iść. Przecież ona jest wyjątkowo piękna, lubi seks, to na diabła tam jeszcze poszedł? Mówię wówczas: „Proszę pani, poszedł z ciekawości", bo wcześniej akurat z nim rozmawiałem. I dla wielu mężczyzn wizyta w agencji ogranicza się jedynie do jednego razu. Chce zobaczyć, doświadczyć, jak ten świat wygląda, ten specyficzny świat burdelu. Więcej nie pójdzie, ale już w statystykę zdrad wpada.

Nie boją się, że np. złapią chorobę weneryczną?

Właśnie zaskakuje mnie to, że tak niewielu zdaje sobie z tego sprawę. Nawet ci, którzy mają kontakt z tirówkami, sprawiają wrażenie, jakby wierzyli, że one im dają sto procent gwarancji sterylności. Po prostu bezmyślność i beztroska wiara: „Mnie się nic nie przytrafi". Niewielu się przejmuje nakładaniem prezerwatywy. A z drugiej strony znam też takich, którzy nawet dwie prezerwatywy zakładają, aby mieć pewność.

Ta beztroska wynika z wiary, że są „nieprzemakalni"?

Ta beztroska wynika z braku negatywnych doświadczeń. Kiedy pojawiło się AIDS, na Zachodzie doszło do zmiany mentalnej. W mediach pojawiło się wiele kampanii uświadamiających niebezpieczeństwo tej choroby, na ekranach pokazywali się znany aktor, piosenkarz chory na AIDS. Mówili o sobie, żegnali się przed śmiercią, zakładali fundacje. A czy pani słyszała, aby u nas jakiś znany celebryta powiedział otwarcie: „Mam AIDS"? Ja nie słyszałem. Dlatego nie ma poczucia zagrożenia. Poza tym statystyki są uspokajające. Nie wiedzieć czemu, nie ma u nas wielkiej zachorowalności.

A raczej powinna być, zważywszy na brak edukacji i sposób „prowadzenia się"?

Mamy bardzo, ale to bardzo dużo szczęścia, że przy takich ekstremalnie ryzykownych zachowaniach seksualnych zachorowalność jest niewielka. Mówiąc szczerze: podziwiam szczęście niektórych moich pacjentów, że przy ich sposobie życia jeszcze „nic nie podłapali". I nieraz im mówię: „Ma pan szczęście, że jeszcze nie wącha kwiatków od dołu".

I jak oni reagują?

Rozpromieniają się, że mają szczęście. Czują się uprzywilejowani, że nic im się nie trafiło. Nie przeszkadza mi, że się rozpromieniają, tylko liczę, że w ich głowach pojawi się jakaś refleksja. Mogę zrozumieć, że można poznać kobietę, która się wydaje cnotliwa, można się zakochać i coś „złapać", ale seks z cichodajką, jak to mężczyźni mówią – puszczalską...

Panie profesorze, to deprecjonowanie kobiety...

To prawda, gdy się chce zdeprecjonować kobietę, to wystarczy o niej powiedzieć „puszczalska". Ale mówię o takich, które są znane z tego stylu życia i taki styl życia prowadzą. Panowie bez problemu wchodzą z nimi w kontakty. Naprawdę, nie pojmuję takiej beztroski.

Jak zrozumieć to, że mężczyzna chce mieć tę jedną jedyną tylko dla siebie, a z drugiej strony

idzie do agencji, gdzie są kobiety, które przed chwilą obsługiwały po kolei kilku innych. Nie brzydzi go to?

Jakby się brzydził, toby nie poszedł.

No właśnie, to dlaczego się nie brzydzi?

A była pani kiedykolwiek w agencji?

Nigdy.

To proszę iść i zobaczyć, jakie tam jest towarzystwo. Przecież to są najczęściej młode dziewczyny. One mu się bardzo często podobają, bo są piękne, zadbane, jak z filmu. Wielu z nich w swoim życiu nie miałoby szans na partnerkę o takiej aparycji. Owszem, są mężczyźni, którzy mają piękne, młode partnerki, i też pójdą do agencji. Ale mówimy przecież o takim typowym układzie. To gdzie ma on czuć wstręt? Do kogo?

Może przed tym, że niedawno miało ją już pięciu innych facetów.

A wie pani, że jakiś czas temu był bity erotyczny rekord Guinnessa? Facet stał za facetem w kolejce! I obrzydzenia nie mieli, mimo że każdy z nich miał świadomość, że jest czterysta pierwszy albo pięćset czterdziesty.

Co powinna zrobić kobieta, gdy się dowie, że jej partner skorzystał z usług prostytutki?

Najpierw zmusić go do zrobienia wszystkich badań. Niejednokrotnie miałem w gabinecie pacjentki, które podkreślały, że to była ich pierwsza reakcja po tym, jak dowiedziały się o jego wizytach w agencji towarzyskiej. I dobrze zrobiły. Ale potem jest większy kłopot, bo seks z prostytutką dla kobiety jest zawsze uwłaczający. Partner natychmiast traci atrakcyjność, zostaje zdegradowany. Moje pacjentki mówią rozżalone: „Jak on mógł zniżyć się do takiego poziomu? Nawet nie potrafił znaleźć sobie zwykłej kobiety!". Mówią też, że odczuwają do niego ogromny wstręt. Zwłaszcza jeśli się dowiedzą, że uprawiał z prostytutką seks analny, który jest dla niej wstrętny. Wówczas wstręt przenosi na niego.

A nie myślą, że robią coś nie tak, skoro poszedł do prostytutki?

Nie. Wcale nie szukają winy w sobie. A z reguły doskonale zdają sobie sprawę z tego, po co partner udał się do prostytutki. Wiedzą, że on lubi seks oralny albo analny, a one się przed nim wzbraniają.

Wybaczyć partnerowi tego rodzaju przygodę?

To wszystko zależy od tego, w jakim stopniu mężczyzna jest ważny. Jeżeli kobieta nie chce stracić dobrego ojca dzieci, to może „pójść na przebaczenie". Kiedy jednak zniesmaczył ją już dawno, to ma właśnie doskonały pretekst, żeby się z nim rozstać. A jeśli mu bezgranicznie ufała, to teraz wylał jej kubeł zimnej wody na głowę, i ma poczucie, że jest z kimś innym. I to może skończyć się niedobrze.

Korzystanie z prostytucji ma zresztą różne oblicza. Może to być tylko kilkuminutowy seks dla rozładowania. Są jednak tacy panowie, którzy cenią sobie noc spędzoną w hotelu czy w jej mieszkaniu. Piją drinki. Rozmawiają, oglądają programy telewizyjne, filmy. Zależy, ile kto ma czasu, pieniędzy.

Znam takich, którzy wyjeżdżają z taką dziewczyną na weekendy do Londynu, Paryża, Barcelony. Pełna kultura, zwiedzanie, teatr, koncert, a później łóżko. Rozmawiałem niedawno z mężczyzną, który był rozżalony, że trafiają mu się nieciekawe dziewczyny do sponsoringu. On chciałby mieć bardziej inteligentną, która pójdzie do teatru, coś czyta, dyskutuje.

Czy on nie może zrobić sobie sponsoringu z żoną?

To trudne, bo jeżeli facet decyduje się na sponsoring, oznacza to, że w związku mija się ze swoją partnerką. On i ona żyją w innych światach. Ona np. poświęca się tylko swojej karierze zawodowej. Po powrocie do domu mówi tylko o tym, co się działo w pracy. A on chce mieć kobietę dla siebie, która ma także czas dla niego. A prostytutka, która wyjeżdża z nim na weekend, daje iluzję bycia z kobietą, która potrafi go słuchać, a na dodatek spełnia wszelkie zachcianki erotyczne.

To smutne, co pan mówi.

Ale on się świetnie w tym odnajduje. Żona jest atrakcyjna, inteligentna, on docenia jej pomysłowość, przedsiębiorczość, rozumie jej pracę. Od czasu do czasu mają seks i to może nawet całkiem udany. Ale on czuje niedosyt i dlatego szuka sobie takiej uzupełniającej żony. Do erotyki i do rozmowy. A w tej rozmowie zasada jest jasna: ja ci płacę, więc słuchasz przede wszystkim mnie.

Jest wśród mężczyzn sporo fetyszystów?

Tak, to głównie męska specjalność. Fetyszem są najczęściej części ubrania i jest on niezbędny w osiągnięciu podniecenia seksualnego. Znałem przypadek mężczyzny kolekcjonującego w szafie damskie pończochy. Ułożone starannie, a każda była zamknięta w kopercie z imieniem jej właścicielki. Kolekcja była hmm... spora. Może pani sobie wyobrazić reakcję żony po otwarciu drzwi szafy? Jakby się znalazła w komnacie Sinobrodego! Była przekonana, że ma do czynienia ze zboczeńcem, tym bardziej że uprawiali seks tylko i wyłącznie wtedy, gdy ona miała na nogach pończochy. Co jej akurat nie przeszkadzało, ponieważ wiedziała, że ma zgrabne nogi. To, co było dziwne, to fakt, że zawsze pończochy zabierał, tłumacząc, że będzie je wąchał i myślał o niej. Po odkryciu kolekcji kazała mu wyrzucić wszystko na śmietnik, co uczynił bez mrugnięcia okiem. Czy jej mąż jest zboczeńcem? Fetyszyzm jest rodzajem dewiacji seksualnej, ale zwykle, jeżeli ma ona wymiar pończoszany, podwiązkowy czy jakiś inny – kobiety są w stanie go zaakceptować. Jeżeli np. fetyszem dla mężczyzny są ich stopy lub biust – czemu nie? Niech pieści i całuje do woli. Źle jednak jest, gdy kolekcjonuje, tak jak pan od pończoch, jakieś części garderoby po byłych kochankach. To granica, której żadna kobieta nie jest w stanie przekroczyć. Uwaga dla panów: kobiecym fetyszem jest bardzo często męski zapach. Ale nie męskiej wody toaletowej ani żelu pod prysznic, tylko zapach spoconej skóry.

Rozdział V.
Męska seksualność

Rozdział V.

Enklawa seksu / oni także udają orgazm / idealne kochanki / strategia gry wstępnej / łatwe kobiety tak upragnione? / rozmawianie o miłości / łóżkowy egoizm / oziębłość, czyli wygodna łatka dla obu stron / granica pomiędzy homoseksualizmem a biseksualizmem

Czym różni się seksualność mężczyzn od seksualności kobiet?

Wszystkim. Już na poziomie mózgowym można powiedzieć, że u panów seks jest bardziej autonomiczny i tkwi w strukturach podkorowych, czyli jest zakodowany i niezależny od innych czynników. U pań natomiast ogromną rolę grają czynniki społeczne, psychiczne, uczuciowe. I w tym tkwi największa różnica. Poza tym kobiety mają o wiele silniejsze doznania orgazmiczne niż mężczyźni. Są zdolne do wielokrotnych orgazmów. Obie płcie różnią się strefami erogennymi, reakcjami na bodźce, oni są wzrokowcami, one reagują bardziej słuchowo czy dotykowo. One cenią sobie pieszczoty, oni raczej dążą do stosunku. Mężczyźni czują potrzebę seksu i dążą do tego. U kobiet ta potrzeba najczęściej rozbudza się pod wpływem osoby. U panów jest to proces linearny: najpierw jest pożądanie, później podniecenie, następnie podniecenie narasta do orgazmu. A u kobiet jest koło: proces może zostać uruchomiony w każdym momencie. Ona może mieć fascynujący seks bez orgazmu, może być np. usatysfakcjonowana tym, że była pożądana lub że usatysfakcjonowała partnera.

U płci męskiej orgazm jest wrodzony, tzn. sterujące nim struktury są umieszczone w biologicznie starszych pokładach mózgu, natomiast u płci pięknej w większości jest nabyty, a tylko w małym odsetku ma uwarunkowania genetyczne. Cały czas trwają dyskusje na ten temat. Ostatnio były przeprowadzane badania nad bliźniaczkami i wyciągnięto z nich wnioski, że u czterdziestu procent pań jest wrodzony, a u sześćdziesięciu procent wyuczony. Do niedawna orgazm męski nie wzbudzał ciekawości badaczy, bo wydawał się jednowymiarowy. W ogóle seksualizm panów uważany był za mniej uczuciowy, bardziej biologiczny i ubogi. Niesłusznie. Po pierwsze, ich uczuciowość nie jest mniejsza od kobiecej, tylko po prostu inaczej wyrażana. W ich wychowaniu kładziono większy nacisk na wyrażanie męskości i siły niż emocji. Za tłumienie uczuć mężczyźni płacili chorobami psychosomatycznymi, zawałami serca, chorobą wieńcową. Ubóstwo ekspresji seksualnej także jest mitem, na który wpłynął również sposób wychowania, narzucający mężczyźnie w łóżku kult ilości nad jakością, zdobywczość i pewność siebie. Dopiero w prawdziwym partnerskim związku męska seksualność ma szansę na prawdziwą ekspresję i często dorównuje kobiecej.

Osobowość panów w sferze przeżyć seksualnych ma pewne stałe cechy, ale sfery uczuć są zależne od partnerki. Dany mężczyzna może zachowywać się różnie w kontaktach z różnymi kobietami. Jedna może działać na niego bardziej zmysłowo, inna – może wywoływać uczucia opiekuńcze albo nawet wzniosłe. Albo prowokować go do figlarności, agresywności, a nawet sadyzmu. Im bardziej jest prymitywny, tym bardziej przewidywalne i takie same formy zachowania sobą reprezentuje. I na odwrót, im jego osobowość jest bardziej złożona, tym większa jest jego zdolność do zindywidualizowanej reakcji wobec każdej partnerki. Ona może go prowokować do zaspokajania poprzez współżycie różnych potrzeb psychicznych. Zachowanie jednej kobiety prowokuje potrzeby ambicjonalne, najzwyklejszą męską chęć „wykazania się". Inna – może go wciągnąć w zupełnie nieoczekiwane wymiary przeżyć.

Kobiety narzekają najczęściej, że on kończy zbyt szybko...

Z badań wynika, że faktycznie problemem wielu mężczyzn jest brak umiejętności opóźniania orgazmu, ich reakcje są krótkie, a co za tym idzie – także zróżnicowanie przeżyć orgazmicznych jest dyskusyjne. Pełne, bogate szczytowanie można przeżyć tylko w czasie długiej i spełnionej ars amandi. Nie jest to możliwe, kiedy rozpoczyna się współżycie po długiej przerwie albo często zmienia partnerki.

Czyli Don Juani są szybkimi kochankami?

W ogóle w Polsce średni czas trwania stosunku ciągle ulega skróceniu. W tej chwili statystycznie trwa tylko trzynaście minut, jeszcze kilka lat temu – prawie osiemnaście. Częste zmienianie partnerek prowadzi do wzrostu pobudliwości, przez co utrwala się nawyk krótkiego współżycia. Później nawet nawiązanie stałego związku niewiele zmienia.

Czy to prawda, że mężczyźni potrafią udawać orgazm?

Oczywiście, w dzisiejszych czasach przy stosowaniu prezerwatywy to łatwizna i powszechna metoda.

On robi to z tych samych przyczyn, dla których kobieta też czasami udaje?

Nie do końca. Np. jest bardzo zmęczony, więc udaje, bo i tak by mu się nie udało. Symuluje rozkosz, żeby szybko skończyć i pójść spać. Kobieta najczęściej symuluje, żeby on poczuł się usatysfakcjonowany: „Jesteś świetnym kochankiem". Panowie natomiast zwykle chcą mieć jak najszybciej spokój. Robią to też nierzadko w przypadku, kiedy ich ukochana mówi, że jej poprzedni partner zawsze bisował. To co ten biedak ma wtedy zrobić? Udaje bisowanie.

Poza tym istnieje jeszcze inna prozaiczna przyczyna, o której kobiety często nie mają pojęcia. Dla coraz większej liczby mężczyzn bardziej atrakcyjna jest masturbacja przy pornografii niż seks z partnerką. Przy oglądaniu takich filmów on ma orgazm bez problemu, a z partnerką zaczynają się problemy, bo okazuje się, że bodźce są za słabe. Uważam, że nowe techniki cyberseksu jeszcze dalej odciągną panów od łóżek. Już teraz pojawiają się sygnały wskazujące, że narasta epidemia cyberseksu. Najprawdopodobniej dojdą jeszcze nowsze techniczne możliwości, erotyka wirtualna w trzech wymiarach, pornografia z bodźcami zapachowymi i czujnikami dotykowymi. To wszystko zwiększy męską samowystarczalność w dziedzinie seksu. Już teraz można zacząć bać się o reprodukcyjną przyszłość i porozumienie w związkach.

Jaka więc powinna być kochanka idealna?

Ale ograniczamy się tylko i wyłącznie do ars amandi?

Tylko i wyłącznie.

Model idealnej kochanki jest w praktyce bardzo rzadko spotykany. Idealna powinna być aktywna, bezbłędnie odczytywać oczekiwania i potrzeby seksualne partnera już w trakcie gry miłosnej, czyli nie zadaje niepotrzebnych pytań w stylu: „Czy teraz mogę cię pobudzić oralnie?". Powinna mieć garść albo jeszcze lepiej – dwie garści pomysłów na urozmaicenie ars amandi, umieć wspaniale pieścić męskie ciało. Wyraziście przeżywać stan podniecenia i orgazm, aby mężczyzna zauważył, że TO się właśnie stało. Powinna być naturalnie zmysłowa, seksowna i wierna. Tylko tyle i aż tyle.

Czy mężczyźni wolą być od razu z idealną kochanką, czy pozwolić jej się przy sobie rozwinąć?

Wolą widzieć partnerkę w tej roli jako własne dzieło. Cechy idealnej kochanki rozwijają się dzięki nałożeniu się na siebie kilku sprzyjających czynników: seksowności połączonej z temperamentem erotycznym, „lubienia seksu", wychowaniu w środowisku rodzinnym pełnym ciepła i życzliwości wobec ciała i miłości fizycznej, naturalnej otwartości, spontaniczności i inteligencji. Bardzo ważna jest fascynacja osobą ukochanego i wzajemne uczucie, a także jego równie otwarta i spontaniczna postawa wobec seksu. W większości przypadków kobieta staje się idealną kochanką w sprzyjających warunkach związku uczuciowego. Niektóre stają się nimi dzięki pierwszemu partnerowi, który czasami jest zresztą ostatnim w ich życiu. Bo kultura, dojrzałość i miłość partnera stwarzają warunki dla rozwinięcia się wszechstronnych zalet w roli partnerki.

Czyli panowie: wychowujcie sobie idealne kochanki, bo warto.

Kobieta w sferze seksu rozwija się wolniej od mężczyzny i jako kochanka wolniej rozkwita. Historia wielu związków potwierdza ten pogląd. Dopiero po trzydziestce układ hormonalny pań, a także doświadczenia życiowe, ewolucja więzi z partnerem, macierzyństwo, dojrzewanie psychiczne, a także znajomość swojego ciała, pozwalają na pełne spełnienie w miłości fizycznej.

Kolejny powód narzekania na mężczyzn: „Kiedy już zdobędą kobietę, stają się zimni, a czasami – wręcz nieprzyjemni". Może pan to wytłumaczyć naukowo?

Jest pięć faz męskiego orgazmu, ale najciekawsze dzieje się „po". Z tego, jak panowie zachowują się po skończonym stosunku, można wiele wywnioskować. Radzę, aby panie ich poobserwowały, reakcje będą diametralnie różne – jeden odwróci się plecami i zaśnie, inny – nagle będzie miał przypływ energii i ruszy do pracy. Niektórzy mogą stać się smutni czy przygnębieni albo oczekiwać pochwały za to, co zrobili. Będą też tacy, którzy zechcą się przytulić i jeszcze pieścić, oraz tacy, dla których koniec będzie początkiem kolejnych igraszek (dodajmy jednak, że o ile u kobiet drugi lub trzeci orgazm jest najintensywniejszy, u mężczyzn ten pierwszy dostarcza mu najwięcej przyjemności).

Z punktu widzenia sztuki miłosnej partnerzy powinni znać swoje wzajemne potrzeby i oczekiwania. W związku z tym, nawet jeżeli mężczyzna odczuwa nieprzepartą chęć snu lub poderwania się z łóżka do działania, powinien uwzględnić to, co lubi jego ukochana. Dlatego podkreślam, że męskie zachowanie „po" jest bardzo diagnostyczne. Ujawnia nie tylko specyfikę jego reakcji seksualnych, ale także poziom kultury seksualnej, uczuciowej, wrażliwości; jest także testem prawdziwej postawy wobec partnerki. Można z tych zachowań wyczytać: niewiedzę, obojętność, lekceważenie, narcyzm, miłość. Nieważne bowiem, że on wie, jak to się robi, ważne jest, dlaczego tego nie robi, choć o tym wie.

Proszę wymienić pięć uniwersalnych rzeczy, których kobieta w sypialni nigdy nie powinna robić.

Po pierwsze i podstawowe: nie powinna swoim zachowaniem sprawić, że on zacznie się jej... bać. Jest bowiem taki typ pań, które mają w sobie coś, co nazywam „zagrażającą kobiecością". Współczesne Pandory, niosące mężczyznom pewną zgubę. Potrafią peszyć do tej pory pewnych siebie i sprawnych kochanków. W jaki sposób? Megawysokim poziomem atrakcyjności, seksowności i ujawnianiem wprost oczekiwań, potrzeb i wymagań.

Mega Doda?

O ile jest to możliwe, to właśnie ktoś w tym rodzaju. Powinna unikać mówienia w sytuacji intymnej wprost np.: „Pokaż, co potrafisz" albo „Ciekawe, jaki potrafisz być w łóżku" czy „Mam nadzieję, że potrafisz mnie zadowolić". Sygnały tego typu mają mobilizować partnera do dania z siebie maksimum, a w rzeczywistości – mogą zamrozić jego umiejętności. Niech panie unikają wyrazistego okazywania swojego niezadowolenia, niedosytu czy rozczarowania w trakcie seksu. To na niego działa jak zimny prysznic. Wystrzegajcie się także wymieniania szczegółów budowy anatomicznej swoich ekspartnerów. Hiperseksowna kobieta z bujnym temperamentem, wspominająca bogate w formy i doświadczenia erotyczne przygody miłosne z przeszłości – uwierzcie mi, drogie panie, to koszmar każdego zdrowego mężczyzny. Takie sygnały działają na niego deprymująco i wyzwalają trudności seksualne nie do przeskoczenia. Niedopuszczalne jest komentowanie, ośmieszanie fizjologii partnera.

Nie jest tak, że on się mobilizuje do „pobicia na głowę" swojego poprzednika?

W niektórych przypadkach tak, ale jak długo można starać się pobijać rekordy. Stały związek z taką kobietą oznacza dla mężczyzny poczucie niepewności i zagrożenie trwające dosyć długo. Taki partner we współżyciu seksualnym nigdy nie odczuwa relaksu psychicznego i luzu. Panie bardzo seksowne przyciągają wielu adoratorów, ale zniechęcają do trwałych związków. Miałem pacjenta, który powiedział mi wprost: „Musiałem sprawdzać się w łóżkach innych kobiet, bo przy mojej bardzo atrakcyjnej żonie przestałem wierzyć w swoją męskość". Poczucie niepewności skłania tego typu mężczyzn do potwierdzania własnej atrakcyjności poza własną alkową. Dlatego niejedna wyjątkowo piękna i seksowna pani ma trudności ze znalezieniem towarzysza życia, a mężowie atrakcyjnych szukają ulgi i relaksu w ramionach mniej atrakcyjnych, ale za to mniej wymagających kobiet.

I ostatnia, piąta rzecz, której ona nie powinna robić w sypialni?

Kłaść na jego stoliku nocnym poradnika seksuologicznego i unikać jak ognia tego, co on lubi w łóżku, np. seksu oralnego.

A jeżeli ona tego nie lubi?

Motywacja odrzucenia tego typu pieszczot jest ważna. Jeśli dzieje się tak z powodu dyskomfortu etycznego czy specyficznej wrażliwości, nie ma to negatywnego znaczenia. Gorzej, gdy dzieje się tak z powodu negowania ciała partnera, pomniejszania jego atrakcyjności, ujawnienia wstrętu do męskiej fizjologii. Świetną partnerkę można także poznać nie po tym, jak zaczyna, ale jak kończy.

Kończy co?

Kończy pieszczoty wstępne, aby przejść do właściwego stosunku. Mam pacjentów, którzy skarżą się na to, że ich żony narzuciły im taki styl współżycia, że pieszczoty wstępne trwają, trwają i trwają w nieskończoność. „Dochodzi do sytuacji, w której po prostu nie jestem w stanie mieć erekcji" – przyznają mężczyźni. Zapewniam, że akt seksualny wraz z pieszczotami wstępnymi wcale nie musi trwać dwóch godzin, z czego pół godziny to orgazm kobiecy, jak kiedyś można było wyczytać z poradników o życiu intymnym.

Bywa też odwrotnie? Kobiety odrzucają pieszczoty wstępne, domagając się, żeby on już szybko przeszedł do rzeczy?

Bywa również tak. I kiedy dzieje się to nagminnie, mężczyzna, którego pieszczoty są odrzucane, bardzo kiepsko to znosi. Odczytuje to jako brak akceptacji dla własnej osoby, a to zaburza jego libido.

Seks bez miłości – czy to jest męska specjalność?

Internet w tej kwestii sporo zmienił. Kiedyś jeżeli kobieta chciała mieć seks dla seksu, gdzie mogła to ujawnić? Wykrzyczeć w parku? Teraz takie potrzeby załatwia się głównie w sieci. Poza tym są tzw. romanse biurowe, gdzie ona zawsze znajdzie sobie kogoś w miejscu pracy. To jest układ, seks bez zobowiązań. Dziś już panie się tego nie wstydzą. Są tzw. marsze puszczalskich, gdzie afirmują swoją niezależność seksualną i dają jasny przekaz, przynajmniej ja tak to rozumiem.

Mężczyźni patrząc na taki marsz, myślą: „Ale cudownie!”.

Tak. Raduje ich powiększanie się rynku. W przeszłości, aby znaleźć kobietę, seks dla seksu, trzeba było się natrudzić. Co prawda są agencje towarzyskie, ale nie każdemu ta konwencja odpowiada. Poza tym przyjemnie jest mieć w pracy koleżankę, która to lubi, bo można zaspokoić swoje potrzeby seksualne.

A nie niepokoi ich to, że nagle ich partnerka zacznie mieć potrzebę seksu dla seksu?

Ich to nie niepokoi, póki nie dotyczy ich osobiście. Jeżeli jego żona zacznie mieć taką potrzebę, to zaręczam, że bardzo go to zaniepokoi. W drugą stronę to często nie działa. Znam przypadek mężczyzny wychowanego w przekonaniu, że zdrada jest przynależna jego płci, bo w domu było ciche przyzwolenie na to, żeby się wyszumiał. Jego ojciec był kobieciarzem, romansował z innymi kobietami. Syn poszedł w ślady ojca, matka często podkreślała jego męskość i nie było problemów, żeby jego sympatie zostawały w domu na noc. Kiedy przyszedł czas na „ustatkowanie się", wybrał córkę znajomych rodziców – pannę z dobrego domu, której wydawało się, że on już się wyszumiał. Zaczął ją zdradzać od razu po ślubie. Gdy wyszły na jaw romanse, ona wysłała go do specjalisty. U mnie w gabinecie kompletnie nie zdawał sobie sprawy z tego, że krzywdzi swoją żonę. Dla niego te przygody nie miały znaczenia, a moim zadaniem było – według niego – wyleczenie partnerki ze wstrętu do jego osoby. Dla niego sytuacja była oczywista: kocha żonę i dzieci, nie zostawi ich, niech ona mu przebaczy, a on więcej nie będzie zdradzał. Okazało się, że przekonanie o tym, że „prawdziwy facet" zdradza swoją partnerkę i to jest jeden z wyznaczników męskości – wyniósł z domu rodzinnego. Naśladował po prostu ojca, nie biorąc pod uwagę, że jego żona nie ma najmniejszego zamiaru wejść w rolę jego matki i tolerować tego typu zachowań. Dużo czasu zabrało mi uświadomienie mu, że ona nie jest substytutem matki, że to zupełnie inny typ psychiczny i nie może spodziewać się od niej ani odrobiny tolerancji.

Czy mężczyźni ścigają się, który z nich jest bardziej męski?

Miałem kuriozalny przypadek braci bliźniaków, zupełnie identycznych, którzy dla hecy i po alkoholu zamienili się żonami. Ich zdaniem, pomysł zakończył się sukcesem: one nie poznały, który jest kim. Ale chyba jednak nie do końca pozostało to bez wpływu na ich życie seksualne, ponieważ jeden z braci trafił do mojego gabinetu. Dręczyły go (w przeciwieństwie do brata) wyrzuty sumienia, że żonę oszukał, ale nie dawała mu spokoju także jedna myśl: może jego brat bliźniak był lepszy w łóżku niż on sam? Tak go to dręczyło, że zadawał żonie podstępne pytania: „Czy poznałabyś, gdyby w łóżku zamiast mnie był mój brat?". Ona zbywała go żartami, nie odpowiadała na pytanie. Możliwe, że jeszcze do dzisiaj nurtuje go pytanie: „Który z nas jest bardziej męski?".

Czy mężczyźni lubią łatwe kobiety?

Jeżeli on chce mieć seks dla seksu to tak, bo nie musi się za bardzo napracować. Ale jeśli chce mieć towarzyszkę życia to nie, bo w takim razie ona też będzie łatwa dla innych. W zależności od kontekstu. Łatwe kobiety są wysoce cenione w kwestii przygód seksualnych.

W jaki sposób alkohol wpływa na męski erotyzm?

Jest kilka popularnych poglądów przeceniających wpływ alkoholu na męską seksualność. Wielu panów mających np. wczesne wytryski czy zaburzenia erekcji podkreśla, że dzięki alkoholowi uzyskują sprawność i ich współżycie staje się udane. Może być w tym ziarenko prawdy, ponieważ napoje wyskokowe działają na nich relaksująco i ułatwiają współżycie. Także ci nieśmiali, po kilku kieliszkach, nabywają animuszu, stają się bardziej rozluźnieni. Ci, którzy mają problemy z podniecaniem się, pod wpływem alkoholu zmieniają się w namiętnych. Wielu mężczyzn uważa także, że procenty wyzwalają w nich prawdziwą męskość, pewność siebie. Jak jest w rzeczywistości? Z badań amerykańskich wynika, że nadużywający alkoholu to najczęściej osobowości zniewieściałe.

Dlaczego?

Po alkohol sięga znacznie więcej mężczyzn zakompleksionych, mało odpornych psychicznie, niepewnych poczucia własnej wartości. Alkohol subiektywnie daje im poczucie siły. Po pewnym czasie wpływa na coraz większą liczbę nieudanych kontaktów seksualnych pogłębiających niepewność w roli męskiej. Alkohol i męskość to cechy rozbieżne, a nie zbieżne. Ta używka jest formą sztucznego dopingu seksualnego. To prawda, że u osób, które uprawiają seks pod wpływem, jest znacznie więcej pomysłowości i urozmaicenia. Wynika to z tego, że alkohol odhamowuje różne uprzedzenia, nastawienia, rygory, kompleksy. Jeżeli jednak jest traktowany przez mężczyznę jako lekarstwo na nieśmiałość i inne kompleksy, sprawa zaczyna być poważna. Z prostego powodu: taki ktoś najzwyczajniej w świecie nie chce się leczyć. I można mu mówić, że picie uszkadza męskie jądra, zaburza działanie hormonów, czynności wątroby, wywołuje awitaminozę.

U pięćdziesięciu procent mężczyzn nadużywających napojów wyskokowych stwierdzono obniżenie popędu, zaburzenia wytrysku i erekcji. Wśród ich partnerek zaburzenia występują u osiemdziesięciu pięciu procent i jest to najczęściej oziębłość seksualna. Miałem pacjenta, który ze zdiagnozowaną impotencją alkoholową stanął w osłupieniu i powiedział: „Jak to? Mój dziadek pił, mój ojciec pił i był do starości stuprocentowym mężczyzną". Inny nie dowierzał, że jest niepłodny z powodu picia, tylko dlatego, że jego dziadek wszystkie dzieci płodził w pijanym widzie.

Na czym polega fenomen miłości francuskiej? Co jest w niej takiego specjalnego, że mężczyźni są dla niej gotowi poświęcić rodzinę, zdradzić, narazić się na chorobę weneryczną?

Po pierwsze, w czasie seksu oralnego bodźce są o wiele silniejsze niż w innych formach miłości. Do tego dochodzą walory dotykowe, czuciowe. I nie zapominajmy o wzrokowych, on widzi, jak partnerka go pieści. Dla mężczyzny nie może być wspanialszego przykładu afirmacji jego penisa przez partnerkę. A ponieważ członek jest dla niego najważniejszą częścią ciała, mamy odpowiedź na pytanie.

Często miłość francuską traktuje się jako wyraz dominacji mężczyzny nad kobietą. Ale ma to taki wymiar tylko w momencie, kiedy on partnerkę do tego nakłania. A są kobiety, które same to robią bez zaproszenia i im się to bardzo podoba. W niektórych związkach seks oralny jest wyrazem ewolucji seksualnej i wówczas ciało partnera jest odbierane jako „dobro absolutne", nie ma w nim miejsc gorszych ani lepszych. Pieszczoty stają się wyrazem akceptacji ciała partnera. Uwaga na związki, w których bywają one wyrazem narcyzmu jednej ze stron czy nawet poniżenia. Czasami słyszę w gabinecie: „Mąż domaga się pieszczot oralnych, a ja nie mogę. Kochałam się w ten sposób tylko z jednym partnerem, a akurat z mężem nie jestem w stanie się przełamać". Czyli z innym kochankiem najprawdopodobniej miała bliższą więź emocjonalną i uczuciową i nie było barier, które są w jej aktualnym związku.

Może to być także kwestia estetyczna. Możliwe, że obecny partner jest mniej męski, mniej atrakcyjny niż poprzedni – to utrudnia przełamanie się i akceptację tej formy pieszczot. Zdarza się, że kobiety stosują tę formę pieszczot „dla świętego spokoju", np. z lęku, że partner może poszukać tych samych doznań gdzie indziej. W zależności więc od tego, jaki jest motyw uprawiania seksu oralnego, może on zbliżać kochanków lub ich od siebie oddalać.

Pojawiają się głosy, że to pornografia przyczyniła się do takiego rozpowszechnienia miłości francuskiej.

Przyczyniła się do akceptacji seksu oralnego w szerokiej skali. Ale zapotrzebowanie na tego rodzaju stosunek wśród panów występowało już dawniej, kiedy jeszcze pornografia nie była tak powszechna... Poza tym, miłość po francusku przez wielu nie jest traktowana jako stosunek, ale jako pieszczota.

Czy wykształcenie przekłada się także na większą kreatywność w sypialni?

Niekoniecznie. Kreatywny menedżer może mieć urozmaicone życie erotyczne, ale spawacz w równym stopniu może być w łóżku niesłychanie twórczy. Seksualność polskich mężczyzn należących do elity intelektualnej wcale nie jest większa od innych. Przede wszystkim jednak męska kreatywność w łóżku jest zawsze związana z konkretną kobietą. Są panie, które potrafią pobudzić ich twórczość erotyczną, albo takie, które idą po linii najmniejszego oporu. To jest zawsze trudny dla kobiet temat. Ona chce być kochana i pożądana, ale czy ma jeszcze w sobie taką moc, żeby wyzwalać męskie siły twórcze w zakresie seksu? Najlepiej, żeby wyzwalała. Jedna pani może prowokować do skomplikowanej, bogatej sztuki miłosnej, i takie u kochanka wyzwala potrzeby, energię. Są takie, które pobudzają do romantycznych pieszczot, i takie, które inspirują do ostrych numerków. Dla mężczyzny taka partnerka to marzenie, ale może też stać się przyczyną kłopotów. Niedawno był u mnie w gabinecie pan z takimi właśnie problemami. Jest w trzecim związku i trafiła mu się najlepsza kochanka w życiu. Ona ma potrzebę seksu codziennego, lubi to i chce, żeby w łóżku coś się działo. A on wysiada, fizycznie nie daje rady. Oboje stworzyli bogatą sztukę miłosną, ale on nie może z niej czerpać. Przeżywa dramat.

Jaką radę usłyszał od pana?

Ratowanie go musiało pójść w jakimś rozsądnym kierunku. Nie chodzi o to, żeby aplikował sobie wszelkie możliwe afrodyzjaki. Są możliwości wyważenia relacji partnerskich. To nie jest tak, że ona musi mieć codziennie seks, bo w innym przypadku umrze. Można wypośrodkować. A jeżeli jednak apetyt nie spadnie, są przecież gadżety, np. sztuczne penisy. Partner może ją zaspokajać w ten urozmaicony sposób, o ile to nie będzie dla niego źródłem frustracji. Po rozmowie z nim okazało się, że ona nie chce zrezygnować z codziennego seksu. A on nie miał oporów co do sztucznego penisa. Ona też.

Dlaczego potrzebowali aż porady seksuologa, a nie mogli tego ustalić między sobą?

Bo wciąż o seksie nie umiemy ze sobą rozmawiać. Dom tego nie uczy, szkoła nie uczy. Mężczyźni najczęściej mają kłopot z odmową partnerki, która nie umie tego wyrazić wprost. I ucieka albo w ból głowy, albo mówi mu: „Bo ty chcesz za często". Jak on ma na to reagować? Ma poczucie winy. Bo się nie stara, nie stwarza atmosfery, nastroju. Wtedy on broni się takim tłumaczeniem: „To tylko takie gadanie, ja staram się zrobić wszystko, jak trzeba, a ona i tak nie ma na mnie chęci".

Jak powinna wyglądać taka rozmowa?

Czy mówimy o programie utopijnym?

Nie, realnym.

To realnie nie ma rozmowy. Chyba że u mnie w gabinecie. Jako terapeuta zbieram informacje od niego, potem od niej. Później spotykamy się razem i rozmawiamy.

Odwrotny problem: on ma dużo większe potrzeby niż ona.

To problem typowy dla związków ze stosunkowo krótkim stażem. Rozbieżność potrzeb seksualnych zdarza się często. W gabinecie słyszę: „Jestem w stanie zaakceptować uzupełniający romans, który zaspokoiłby mojego męża".

Mówi pan poważnie?

Najzupełniej. Niestety, w przeważającej liczbie związków poprzestaje się na stwierdzeniu: „Ja [najczęściej kobieta] jestem zupełnie normalna i zdrowa, a on – niech się martwi o to, jak zaspokoić swoje potrzeby". To postawa skrajnie egoistyczna. Zachęcanie swojego partnera do romansu czasami jest formą podstępnego testu sprawdzającego poziom jego uczuć, a czasami jest to rzeczywiste zaproszenie do trójkąta. Przestrzegam przed tego typu ryzykownymi rozwiązaniami. Rozbieżność temperamentów między partnerami można rozwiązać stosunkowo prosto: trzeba dążyć do zaspokajania potrzeb drugiej strony, jeżeli nawet nie odczuwa się takiej potrzeby.

Czyli „nie chcem, ale muszem"? Ulec mu?

Nie do końca. Może się bowiem okazać, że kobieta na początku kompletnie nie ma ochoty, a mężczyzna odpowiednimi pieszczotami (uwaga: doceńcie, panowie, jeżeli wasza partnerka ma orgazm łechtaczkowy!) może spowodować, że będzie chciała seksu. Podobnie na odwrót – kiedy jemu się nie chce, ona może go odpowiednio rozgrzać.

Ale taka postawa: „Mimo że nie mam ochoty na seks, uprawiam go, bo cię kocham" ma słabość.

Druga strona może się szybko zorientować, że ma do czynienia z „odrabianiem pańszczyzny" i wcale jej się to nie spodoba.

Dlatego związek powinien być na tyle harmonijny, żeby ta „pańszczyzna" była niezauważalna i nienużąca. Poza tym, proszę pamiętać, że kobieta wcale nie musi mieć orgazmu, żeby uznać, iż miała udany seks. Jej często wystarczy, że ma świadomość: „Podobam się mojemu mężczyźnie, jestem przez niego pożądana".

Na szczęście coraz mniej panów uważa orgazm łechtaczkowy za gorszy. Ale wciąż jednak mit tzw. anorgazmii, czyli osiągania orgazmu przez kobiety w wyniku pobudzenia łechtaczki, a nie w trakcie stosunku, jest jeszcze żywy. Chciałbym zapewnić, że następujący przebieg stosunku seksualnego jest najzupełniej normalny. Jeżeli w wyniku pieszczot kobieta osiąga coraz wyższy poziom podniecenia seksualnego, partner dochodzi do wniosku, że czas zacząć stosunek i... nagle podniecenie u kobiety się zmniejsza. Gdzie tkwi błąd? Gdyby pobudzenie łechtaczki trwało nieco dłużej, ona osiągnęłaby orgazm, a on mógłby go także osiągnąć podczas stosunku. Tymczasem on przerywa pieszczoty przed osiągnięciem przez nią szczytowania. Kobieta czuje się niezaspokojona, napięta, a on – bezskutecznie czeka u niej na orgazm w trakcie stosunku. I zarzuca jej oziębłość. Wiele moich pacjentek uwierzyło, że są oziębłe, nie mając ku temu żadnych podstaw. Panowie: orgazm łechtaczkowy to jest właśnie TO. Jeżeli myślicie, że tylko orgazm w trakcie stosunku jest TYM właściwym, jesteście w błędzie. Mając takie przekonanie, wywołujecie w swoich ukochanych poczucie niższości: czekają one bowiem na orgazm pochwowy, który może nigdy nie nadejść.

Podobnie jak na wspólne osiąganie rozkoszy, z którym mamy do czynienia w dziewięćdziesięciu procentach scen łóżkowych w filmach...

Dla wielu par udane życie seksualne jest utożsamiane z jednoczesnym przeżywaniem orgazmu. Zwłaszcza dla mężczyzn jest to sygnał udanego stosunku. Poświęcają wiele uwagi i czasu, czyniąc przeróżne starania, opóźniając lub przyspieszając reakcje partnerki, aby co do sekundy udało im się zgrać momenty szczytowania. Po co? Taka ingerencja na siłę może zakłócić przebieg odczuć erotycznych czy wręcz zaburzyć osiąganie przyjemności. Wspólne przeżywanie rozkoszy przez partnerów nie jest żadną koniecznością ani modelem współżycia.

Jakim mitom ulegają jeszcze mężczyźni?

Często zjawiają się u mnie panowie z problemem: „Mam za szybki wytrysk, proszę dać mi coś na przedłużenie czasu trwania stosunku". Kiedy pytam, dlaczego tak uważają, słyszę w odpowiedzi: „Bo ona nie ma orgazmu w trakcie stosunku". On ma kompleks, a ona – jest rozczarowana. Po czym okazuje się, że czas reakcji mężczyzny jest prawidłowy i nie wymaga żadnego leczenia. A kobieta często należy do tych, które wolno się rozbudzają, i to jej – a nie jemu – należy pomóc (może mieć także orgazm łechtaczkowy, o czym mówiliśmy, co oznacza, że wydłużenie stosunku nawet do godziny nic nie da). Niestety, często zdarza się tak, że nawet jeżeli ten mechanizm mojemu pacjentowi wytłumaczę, on i tak domaga się za wszelką cenę czegoś na wydłużenie stosunku. Podobnie jest w przypadku rzekomego zaburzenia erekcji. I kobiety, i mężczyźni są przekonani, że wzwód powinien nastąpić już zaraz na początku pieszczot.

A nie powinien?

Niekoniecznie i nie u wszystkich. Większość pań uważa, że jeżeli on nie ma natychmiastowego wzwodu, jest to sygnał, że ona go nie podnieca, że nie jest dla niego wystarczająco atrakcyjna. Inne myślą wręcz: „Ten facet ma jakieś zaburzenia". Co więcej, on – widząc jej reakcję – także może tak o sobie myśleć. Tymczasem jest to efekt nieznajomości fizjologii. Po pierwsze, szybka erekcja następuje najczęściej u młodych mężczyzn, u starszych z reguły jest wolniejsza. Po drugie, niektórzy panowie mają po prostu taką „urodę" – niezależnie od wieku erekcja rozwija się stopniowo, a nie natychmiastowo i jest to najzupełniej prawidłowe i normalne. Po trzecie, u części mężczyzn, którzy się często masturbowali, wytrysk następuje przy niepełnej erekcji, dlatego potrzebują oni większego pobudzenia ze strony partnerki. Ale to także nie jest żadne zaburzenie, skoro erekcja i współżycie przebiega bez zakłóceń.

Miałem w terapii małżeństwo, które było ze sobą od siedmiu lat. Właśnie skończyli remont domu, a wiadomo, z czym to się wiąże: stresy, wydatki, dużo pracy. Kiedy w końcu wyciągnęli się wygodnie na nowym łóżku w pięknym mieszkaniu, okazało się, że...

on nie jest w stanie mieć erekcji. Tłumaczył, że jest zmęczony, że tyle ma na głowie. Ona mu odpowiadała: „Też miałam tyle na głowie, ale mimo to chcę się kochać. Co się z tobą dzieje? Nie podobam ci się?". Zarzuciła mu przy okazji, że chyba nie jest prawdziwym mężczyzną, bo ona działa na innych facetów, tylko na niego nie. On poczuł się głupio. Po miesiącu takiego funkcjonowania – zmuszony przez żonę – udał się do seksuologa. Dostał viagrę, pomogło, ale jego partnerka powiedziała, że nie chce sztucznej erekcji. Zaczęła histeryzować: „To nie jest normalne, że w tym wieku już łykasz tabletki! Co z ciebie będzie za kilka lat". Takie zachowanie w specjalistycznym żargonie nazywa się „kastracyjnym". Dokładne badania u jej męża wykazały, że brak erekcji jest reakcją na przewlekły stres, upokarzające uwagi żony także nie były bez znaczenia. Okazało się, że kobieta ma bardzo wysokie poczucie atrakcyjności i wyczuwa podniecenie u innych mężczyzn. Była przekonana, że takie zaburzenia, jakie miał jej mąż, dotykają jedynie osób w starszym wieku. Teraz już wie, że to nie jest cała prawda o płci męskiej.

Czy mężczyzna może nie mieć ochoty, mimo że kobieta, która się przed nim rozbiera, jest spełnieniem jego marzeń?

Oczywiście. Dzieje się tak w przypadku, kiedy dochodzi do pierwszych prób współżycia z kobietą, która mu się podoba, na której mu bardzo zależy. Napięcie i emocje mogą skutecznie uniemożliwić erekcję. Podobnie się dzieje, jeżeli wyjątkowo zależy mu na wykazaniu się sprawnością wobec partnerki. To bardzo częste zjawisko.

I co ona powinna w takim przypadku zrobić, aby jednak do czegoś między nimi doszło?

Oboje powinni się zrelaksować. A ona, oprócz tego, powinna się uaktywnić i pobudzić pieszczotami partnera. Najgorsze, co może zrobić, to czekać i dziwić się: „Wygląda na stuprocentowego faceta, a nie ma erekcji". Wtedy na pewno nie będzie jej miał.

Kobieta mądrzejsza od mężczyzny pobudza go czy zniechęca?

Taki związek może działać na zasadzie: skoro ona przewyższa go erudycją, to on może wyładowywać kompleks w mocnym seksie. Mężczyzna może sobie zrekompensować niedostatki i powiedzieć: „Ty górujesz nade mną intelektualnie, to ja cię zdemoluję i ukorzę w łóżku".

I będzie w tym harmonia?

Owszem, jej to też może odpowiadać. Jest wiele kobiet o dużym intelekcie, które akceptują taki drugi biegun męskiej brutalności – chcą po prostu zostać trochę sponiewierane.

Po jakie sztuczki powinna sięgnąć kobieta, widząc, że jej partner traci apetyt na seks?

Przede wszystkim musi dowiedzieć się, dlaczego tak się dzieje. Może jego oczekiwania nie są zaspokojone, nie ma ulubionej pozycji, techniki czy seksu oralnego. Może musi ukochaną długo pobudzać i jest tym trudem zmęczony. A może być zwyczajnie przemęczony, ma kłopoty w pracy, kredyt na karku i złośliwego szefa. Pamiętajmy, że w miarę upływu czasu częstotliwość stosunków seksualnych się zmniejsza i nie ma w tym niczego niepokojącego. Miałem niedawno w gabinecie czterdziestopięciolatka, który nie mógł się pogodzić z myślą, że nie jest już tak sprawny jak piętnaście lat temu. Porównywał siebie z kolegami, którzy chwalili się, że współżyją codziennie, a on tylko co cztery dni. Nie brał pod uwagę tego, że koledzy może i młodsi, ale może także on był z natury obdarzony sporym temperamentem seksualnym. Nie ma bowiem obowiązujących standardów.

Poza tym, znajomi, koledzy zazwyczaj zawyżają swoje seksualne wyniki.

Dokładnie tak się dzieje. Dlatego podkreślam: częstotliwość współżycia i odczuwanie jego potrzeby są zjawiskiem zmiennym i zróżnicowanym, jeden trzydziestolatek ma codzienne stosunki, inny – raz w tygodniu. Obaj są zdrowi i normalni. Częstotliwość współżycia nie wynika jedynie z temperamentu, ale wiąże się ze stanem zdrowia, odżywianiem, odpornością na stres, potrzebami drugiej strony. Uwaga do pań: jeżeli partnerka ma olbrzymi temperament, a kochanek mniejszy – on może mieć przekonanie o własnym słabym popędzie seksualnym czy wręcz oziębłości płciowej. Co nie będzie prawdą. Tyle tylko, że dla niego temperament kobiety będzie wzorcem i to w stosunku do niej będzie budował swoją skalę.

Jeżeli kobieta już zdiagnozuje przyczynę, ma się ubrać w bieliznę erotyczną i zapalić świece?

Nie. Najlepiej zacząć od prozaicznych spraw, wspólnego obejrzenia pikantnego filmu, czyli dostarczyć mu bodźca wizualnego. Nie obrazu pornograficznego, tylko erotycznego, gdzie jest fabuła. Zacznijmy od „Emmanuelle", może być „Błękitna laguna" czy „Kamasutra". Świetnym rozwiązaniem będzie zjedzenie dobrej kolacji z winem. Trudno myśleć o stosunku, gdy w domu pracuje pralka, po kolacji trzeba pozmywać. Seks powinien mieć charakter pewnego nabożeństwa. Jeżeli kobieta jest atrakcyjna, niech się nie wstydzi pokazać tego, co ma. Trochę się wstydzi nadwagi? Niech przyciemni światła, użyje ładnych perfum, które jemu się podobają. Jemu, a nie jej. Zapach musi być zmysłowy. Nie damy, tylko ladacznicy. To podziała na niego zmysłowo.

Niestety, nie podziałało. Czy to znaczy, że jest oziębły?

Rzekoma oziębłość seksualna to stosunkowo wygodna łatka, którą łatwo przypiąć zarówno kobiecie, jak i mężczyźnie, a która nie ma niczego wspólnego ze stanem rzeczywistym. Jednemu z moich pacjentów zwaliło się na głowę właściwie wszystko: stracił świetną pracę, pokłócił się z teściową, rozbił nowy samochód i zauważył, że łysieje. Żona także zauważyła: że unika zbliżeń. Wysłała go do seksuologa, żeby ten sprawdził, czy jej mąż nie jest oziębły. Nie był. Zbyt często zapomina się, że dla wielu osób: kobiet i mężczyzn, potrzeby i przeżycia erotyczne wiążą się z odpowiednim klimatem, emocjonalną bliskością, nastrojem, więzią partnerską...

...albo dostateczną ilością snu, jak w przypadku kobiet z małymi dziećmi.

O tak, prośba do panów: zrozumcie, że jeżeli kłócicie się z żoną cały dzień, ona właśnie skończyła karmić ząbkujące dziecko i pada ze zmęczenia – to nie będzie w stanie przeżyć orgazmu. Jeżeli w tym samym pokoju przebywa dziecko mogące się w każdej chwili obudzić, nie wymagajcie od niej, aby była demonem seksu. Kiedy rozmawiam z tymi kobietami, którym mąż sugeruje oziębłość seksualną, okazuje się, że ich temperament i zdolności są najzupełniej prawidłowe, do współżycia nie ma jednak atmosfery i właściwych warunków. Ale miałem także pacjenta, którego przyprowadziła za rękę jego żona, postawiwszy mu wcześniej diagnozę „oziębły". Mężczyzna ujawnił mi swoją tajemnicę: ona chodziła po mieszkaniu niechlujnie ubrana, nie starała mu się podobać. U męża powstał ogromny mur niechęci do niej, po prostu przestała na niego działać.

Pan jest zwolennikiem „samopomocy partnerskiej". Na czym ona miałaby polegać ze strony kobiety?

We wszystkich męskich problemach ze sprawnością seksualną, o której mówiłem, niesłychanie ważna, kto wie, czy nie najważniejsza, jest postawa partnerki. Może ona bowiem albo ułatwić powrót do normy, albo pogłębić i wydłużyć zaburzenie, a nawet wyzwolić kompleks czy poczucie męskiej niższości. Kobiety najczęściej zbywają milczeniem to, co się dzieje. Sytuacja wprawia je w zażenowanie, nie wiedzą, jak o niej rozmawiać. Czasem udają, że niczego nie dostrzegły, i czekają, aż sytuacja ulegnie poprawie. Są partnerki, które bagatelizują problem, uspokajają kochanka, mówiąc, że „to minie". Niestety, niektóre towarzyszki życia potrafią być okrutne dla swoich mężczyzn, krytykując ich, lekceważąc lub wyśmiewając. Inne – odchodzą. Jeszcze inne szukają rozwiązań na gorąco, tzn. w trakcie stosunku np. pobudzają ręką członek partnera, jeżeli ten ma kłopoty z erekcją. Są także gotowe do powtórzenia próby współżycia, do zmiany częstotliwości kontaktów seksualnych.

Jakie zachowanie w kryzysowych sytuacjach jest ze strony kobiety najwłaściwsze?

Jest kilka uniwersalnych wskazówek, które zdają egzamin u większości mężczyzn. Np. relaksowanie partnera. W jaki sposób? Najlepiej przez opanowanie emocji, okazanie zdrowego rozsądku i odważne nawiązanie na ten temat rozmowy, która zneutralizuje niepokój partnera, a zaręczam, że jest on wielki. Warto jest także dać mu do zrozumienia, że to, co się dzieje w łóżku, nie ma wpływu na postrzeganie go jako świetnego kochanka i że ten problem ma charakter przejściowy. Niesłychanie ważne jest okazywanie czułości kilka razy dziennie i rozmawianie z nim. W taki sposób daje mu się najwyraźniej znak, że sfera seksu nie jest najważniejsza i decydująca o „być czy nie być" w związku. Ważne jest podkreślenie, że jego osoba nie straciła na atrakcyjności. Przestrzegam przed wchodzeniem w rolę mamusi, która przytula i głaszcze po główce – nie wyniknie z tego nic dobrego dla związku. Należy zachować umiar i spokój, ale nie trzeba bagatelizować problemu. Niedopuszczalna jest reakcja partnerki: „To nie mój problem, ja jestem normalna" i pozostawienie mężczyzny samemu sobie z jego dramatem.

Jeżeli to ją dopadnie kryzys, jak wtedy powinien się zachować partner?

Kobiety z reguły o wiele lepiej niż mężczyźni radzą sobie z takimi problemami. Są bardziej cierpliwe, wyczekujące, rozsądne.

I z tego rozsądku udają rozkosz.

Tak, niektóre z nich stosują strategię polegającą na udawaniu zadowolenia z życia seksualnego, a to może na długo odłożyć moment ujawnienia problemu. A kiedy wreszcie ujrzy on światło dzienne, mężczyzna, jej partner czuje się winny i w sobie szuka przyczyn niepowodzeń we współżyciu. Czasami jest w tym ziarnko prawdy, kiedy zbyt krótki czas trwania stosunku uniemożliwia jej osiągnięcie orgazmu. Ale może to być też wina „pozorna", dosyć machowska w swojej wymowie, ponieważ niesie ona ze sobą przekonanie, że to tylko on jest odpowiedzialny za jakość współżycia i to na nim spoczywa odpowiedzialność za udany lub nieudany seks.

Inna męska postawa wobec sekskryzysu to taka, w której partner obciąża winą swoją kochankę. Są też tacy, którzy natychmiast sięgają po fachową literaturę i razem z ukochaną szukają optymalnych rozwiązań dla tego, co się między nimi dzieje. Generalnie, można powiedzieć, że mężczyźnie łatwiej jest z kobietą w kryzysie niż na odwrót. Panie bowiem są bardziej otwarte na dialog, można z nimi rzeczowo i spokojnie na ten temat porozmawiać.

Chętnie współpracują i z kochankiem, i ze specjalistą, reagują mniej ambicjonalnie, lepiej rozumieją złożoność problemu. To, co najlepszego może zrobić jej partner, to danie jej do zrozumienia, że nie tylko seks się liczy, że nie on jest najważniejszy. Że mimo problemów ona nadal jest niebywale atrakcyjna w jego oczach i nic tego nie zmieni. W sytuacji kryzysowej potrzebna jest współpraca w szukaniu najlepszych form rozwiązania problemu. Jeżeli ona osiąga orgazm tylko w wyniku pobudzenia łechtaczki, wyjściem z sytuacji jest najpierw doprowadzenie jej do rozkoszy, a potem dopiero rozpoczęcie stosunku lub łączenie jednego i drugiego w tym samym czasie.

I niech pomoże jej przy dzieciach i zrobi dobrą kolację...

Niech tak zrobi. Mężczyzna powinien sobie uświadomić, że w jego interesie (seksualnym i każdym innym) leży nieustanne poprawianie nastroju partnerki. Jeśli przyczyną rzadkich kontaktów seksualnych są kłótnie i napięcia, niech ich nie prowokuje i rozładowuje początki konfliktów. I niech się lepiej przyjrzy mapie ciała swojej partnerki, może odkryje takie fragmenty, których do tej pory nie znał, i to się okaże rozwiązaniem jej sekskryzysu?

Męski mit: tylko zakochana kobieta osiąga rozkosz. W końcu powiedzmy panom prawdę: tak nie jest!

Pogląd ten wynika z przypisywanej kobietom uczuciowości, tymczasem ona może osiągnąć rozkosz z mężczyzną, którego nie darzy większym uczuciem, ba – może go nawet nie lubić! Taki mit doprowadza często do błędnych interpretacji: on może myśleć, że partnerka przeżywająca w łóżku orgazmy jest zakochana w nim do szaleństwa, i na odwrót. Oba te poglądy mają niewiele wspólnego z prawdą. Lecz istnieje także kobiecy mit na temat męskiego orgazmu. Brzmi on: jestem świetną kochanką, bo on osiąga orgazm. Przykro mi, drogie panie, ale to błąd w myśleniu. Prawda jest bardziej prozaiczna: jemu do osiągnięcia szczytu niewiele trzeba, wystarczy mu czasami własna ręka, a niektórzy wolą ją bardziej od kontaktu z partnerką.

Coraz więcej mężczyzn przyznaje się do biseksualizmu. Czy ma to związek z kryzysem męskości?

Nie widzę tutaj związku. Biseksualiści zawsze byli, tylko kultura nie pozwalała im się do tego przyznawać. Teraz już jest coraz mniej tabu w sferze erotyki. Zresztą biseksualiści to najmniej poznana grupa. Oni nie szukają pomocy, bo świetnie sobie radzą.

Jaka jest granica między biseksualnością a homoseksualnością? Czy np. homoseksualista, który ma dziecko z kobietą, tak naprawdę jest biseksualistą?

Nie, on może być homoseksualistą. Może uprawiać seks z kobietą i wyobrażać sobie, że ma kontakt analny z mężczyzną. Rozmawialiśmy o tym, że męska wyobraźnia jest nieograniczona. Może to być gej, który się związał z kobietą, ma dzieci, a jest czystym gejem i nie pożąda partnerki.

Jeśli chce mieć rodzinę, dzieci, dom, to ona jest tylko instrumentem. Szacuje się, że około jednej trzeciej homoseksualnej populacji męskiej zakłada rodziny. Są takie sytuacje, ale wiele pań może tego nie zauważyć. Geje potrafią być serdeczni, opiekuńczy wobec kobiet, mimo że prowadzą podwójne życie. Stosunkowo często wybierają sobie wygodniejszy wariant życia w rodzinie. Mają często dzieci i jeżeli żona nie ma zbyt dużych potrzeb seksualnych, takie życie może się udać. Gorzej, gdy ona ma duże potrzeby, wówczas często homoseksualiści, którzy nie chcą ujawnić prawdy o swojej orientacji, a zależy im na utrzymaniu związku, idą do lekarza, opowiadają niestworzone rzeczy, żeby tylko dostać receptę na lek na potencję. Niektórzy robią to w pełni świadomie. Idą z żoną do lekarza, poddają się badaniom, przyjmują leki. Jeżeli we współżyciu nic nie ulega zmianie, można się wtedy oburzać na lekarzy czy nieskuteczność leków. Partnerka jest świadkiem wysiłków męża, nie może mieć do niego pretensji. A przecież lekarstwa na potencję – viagra i jej pochodne nie podziałają na męskie libido, jeżeli zażywający lekarstwo nie odczuwa pożądania.

Jedna z moich pacjentek, trzydziestoparolatka, była w związku z homoseksualistą i niczego nie zauważyła. Mąż dbał o dom, dzieci, nie uganiał się za kobietami, miał umiarkowany temperament seksualny, lubił miłość francuską i pozycję od tyłu. Zaniepokoiło ją, że od dwóch lat wydaje się unikać seksu. Myślała, że to stres i przepracowanie. Umówiła męża na wizytę. Po kilku miesiącach nieudanego leczenia mężczyzna wyznał prawdę: jest gejem, ale chciał mieć rodzinę. Żona go nie podnieca, a od dwóch lat jest w związku ze swoim wspólnikiem. Przez cały czas trwania związku podczas stosunków wyobrażał sobie, że jest w łóżku z mężczyzną, i seks się udawał. Potem ta fantazja przestała być skuteczna. Ostatecznie para rozstała się. Po przyjacielsku. On widuje swoją córeczkę.

Gej może nie wiedzieć, że jest gejem, i być kiepskim mężem?

Może. Homoseksualista będący w związku z kobietą nie zdaje sobie sprawy ze swojej orientacji seksualnej. Może ją też wypierać, nie dopuszczać do świadomości. Co się dzieje w takim związku? Na pewno kontaktów seksualnych jest niewiele i są one z reguły nieudane. Występuje także homofobia oraz ucieczka w wytłumaczenia typu: „Jestem przepracowany, mam za dużo na głowie, ona przestała mnie pociągać – i nic dziwnego, skoro ciągle robi mi awantury!". Poza tym, seks nie jest w życiu najważniejszy. Podczas badań diagnostycznych często zdarza się, że orientacja zostaje ujawniona.

Jak się zachowują mężczyźni po usłyszeniu takiej nowości na swój temat?

Poznanie prawdy ich nie uszczęśliwia. Większość z nich neguje diagnozę, zdarza się, że zmieniają terapeutę, obrażają się lub reagują wściekłością. Ale są też tacy, którzy mówią: „Ulżyło mi. Od czasu do czasu myślałem o sobie, że jestem gejem, ale nie chciałem w to wierzyć".

Kiedyś słuchałam wyznania bardzo nieatrakcyjnej dziewczyny, która weszła

w kontakt z mężczyzną bardzo atrakcyjnym, biseksualnym. Opowiadała, że ona wie o tym i nie będzie zazdrosna o jego partnerów. Czy to się uda?

Uda, bo jeśli ona jest świadoma swojej nieatrakcyjności, to ma wszystkie atuty. Przystojnego partnera, dom. To taki związek-umowa, potem następuje przyzwyczajenie. Jeśli w takiej relacji pojawią się dzieci, ona wejdzie w dziecięcy świat i będzie szczęśliwa.

Czy zdarzają się jeszcze mężczyźni, którzy całkowicie tłumią seksualność?

Są oczywiście takie przypadki, chociaż bardzo w tej chwili rzadkie. Znam przypadek mężczyzny czterdziestosiedmioletniego (a najstarsza znana mi kobieta rozpoczynająca życie seksualne miała pięćdziesiąt cztery lata), który przyszedł do mnie zasięgnąć porady, bo był zupełnie niedoświadczony w tej materii. Był wychowywany przez samotną, nadopiekuńczą matkę straszącą go: „Kobiety są sprytne, chcą mężczyznę złapać na ciążę, są rozwiązłe, wystrzegaj się ich". Tłumiona seksualność (obok był męski klasztor, w którym jako młody chłopak spowiadał się z grzechu masturbacji) spowodowała radykalizację poglądów. Znalazł się w konserwatywnej organizacji, znanej z niechęci do homoseksualistów, Żydów, wyzwolonych kobiet i seksualnej swobody. Na studiach dystansował się wobec kobiet i rówieśników, mama podsuwała mu odpowiednie lektury, chodziła z nim do kina i na koncerty muzyki klasycznej. On zaczął pracować w banku, sumiennie, choć nie zawierał w pracy znajomości. Po śmierci matki zamieszkał u wujostwa – jedynych krewnych, jacy mu zostali. Ciotka zaczęła żmudną pracę nad przywracaniem go do normalnego funkcjonowania. Rezultat był taki, że zatwardziały stary kawaler zaczął dbać o wygląd, chodził z wujem na siłownię, zmienił fryzurę i w końcu się ożenił. Z trzydziestoośmioletnią wdową, atrakcyjną i okazującą mu sympatię. Obudziła w nim chęć seksu. Okazało się, że ma kłopoty hormonalne – zanik jąder z niedoczynności. Pomogły mu leki, a po psychoterapii otworzył się na swobodne rozmowy na tematy osobiste. Żyją oboje, mają się dobrze. Wniosek: na seks nigdy nie jest za późno.

Czy poglądy mają wpływ na erotyzm?

Z badań przeprowadzonych w USA wynika pewna prawidłowość. Niech pani sobie wyobrazi dwa skrajne bieguny – skrajnie prawicowy i skrajnie lewicowy, prawdziwi wyznawcy po obu stronach. Ci na biegunie lewicowym mają udany seks. Na biegunie skrajnie prawicowym jest dużo sadyzmu i różnych obsesji. Mężczyźni o orientacji prawicowej są bardzo często skrępowani, hamują popęd, chociaż bywa u nich tak samo silny jak u mężczyzn liberalnych. I jeśli nie może realizować popędu, masturbacji zakazuje mu wiara, to może pójść w groźnym kierunku agresywnego seksu. W ogóle wszelkie fundamentalistyczne ruchy często się wiążą z niewyżyciem, presją seksualności.

Jak polscy mężczyźni wyglądają na tle innych nacji?

Jest w naszej naturze skłonność do kategoryzacji narodów. Mówi się „latynoski kochanek”,

„zimni Skandynawowie", „flegmatyczni Anglicy", „wyrafinowani Francuzi", „emocjonalni Rosjanie", „Włosi robią wokół siebie dużo szumu". To są wszystko stereotypy. Trudno mi powiedzieć, jacy jesteśmy w skali Europy, tym bardziej że nie ma czegoś takiego jak „typowy polski kochanek". Sądzę, że jesteśmy przeciętni. Mieliśmy „polskiego hydraulika" na potrzeby Unii Europejskiej. On miał sprawić wrażenie, że jest wyjątkowo męski i z tego, co wiem, podobał się kobietom. Można wypromować polskich mężczyzn, co zrobiła pani ambasador w Wiedniu. Na bal policjantów wiedeńskich sprowadziła policjantów z Polski. Zrobili tam oszałamiającą furorę: wysocy, dobrze tańczący. Na pewno pod tym względem nie powinniśmy mieć kompleksów.

Rozdział VI.

On i ona

Rozdział VI.

Na co oni się skarżą / nuda zabija / „przechodzone związki" / męskie błędy w postrzeganiu kobiet / intelektualna rywalizacja / po ślubie on się nie zmieni / stara miłość nie rdzewieje / zazdrość, czyli element konieczny / seks gwarancją sukcesu? / jak utrzymać dobry związek

Nie jest łatwo o dobry, harmonijny związek. Nawet zakochany mężczyzna okazuje często rozdrażnienie zachowaniem kobiety. Czego oni najbardziej u nas nie lubią?

Zrzędzenia i tego, że kobiety lecą na kasę. To jest bardzo źle przez mężczyzn przyjmowane. To doświadczenie powszechne, zwłaszcza gdy związek jest wiekowo zróżnicowany. On, starszy, chce mieć pewność, że jej nie zależy na jego pieniądzach, tylko na nim.

Jak ona ma udowodnić, że nie leci na pieniądze, kiedy on jest bardzo zamożny?

Deklaracje słowne nie mają tu znaczenia. Tu liczą się bardziej gesty. Jeżeli kobieta powie, że na gwiazdkę chciałaby dostać brylantową kolię, to jest już sygnał. Również zachowanie wobec innych mężczyzn wiele mówi. Takie słowa: „O, zobacz, jaki on ma ładny samochód" albo: „Twój przyjaciel kupił sobie jacht", albo: „Patrz, oni wyjechali na wczasy na Malediwy" dla niego brzmią jak ostrzeżenie. Najbardziej jaskrawo przejawia się to w momencie, kiedy on ma zapaść finansową, a ona się wyraźnie oziębia, jest rozczarowana, krytyczna.

Czego jeszcze nie znoszą panowie?

Kiedy są krytykowani w obecności innych, bo wtedy czują się ośmieszani, nie akceptują tego typu nielojalności. Poza tym nie znoszą tego łóżkowego „nie chcę, zostaw mnie!" w takiej ostrej formie.

Czyli jak umiejętnie odmawiać? „Zostaw, boli mnie głowa"?

Nie, lepiej jest tak: „Kochanie, zrozum, jestem dziś zmęczona, przytul się do mnie". Wtedy to nie jest odrzucenie. Na szczycie hierarchii męskiej „listy skarg i zażaleń" wobec kobiet są, oprócz bierności w łóżku i braku chęci na seks, także bałaganiarstwo, zaniedbywanie domu i spędzanie czasu z koleżankami, przedłużające się rozmowy telefoniczne i oglądanie głupich seriali. Takie – zdawałoby się – niewinne zachowania mogą doprowadzić do naprawdę poważnego kryzysu w związku.

Kiedyś zgłosiła się do mnie trzydziestoparolatka zaalarmowana domową sytuacją: mąż wyprowadził się do swojej matki, zostawiając ją samą w mieszkaniu. Jej zdaniem był uzależniony od swojej rodzicielki. Wcześniej stracił ochotę na seks. Wersja mężczyzny była bardziej skomplikowana. Stracił pociąg fizyczny do swojej żony, ponieważ okazała się kompletnym... leniem. W luksusowym domu zatrudniona była pomoc domowa, żona – oprócz tego, że ładnie pachniała i wyglądała oraz wydawała pieniądze – nie robiła nic. Pracowała na pół etatu, ale najwięcej czasu – zdaniem męża – spędzała na plotkach z koleżankami. W łóżku była bierna, nie miała ochoty pieścić swojego partnera. Nie chciała też mieć dziecka, bo obawiała się utraty urody. „Ona stała się pustą, ładnie wyglądającą lalką"

– stwierdził małżonek i wyprowadził się do matki. Oddał jej dom, samochód, zostawił sporo pieniędzy i rozpoczął budowanie nowego życia.

Panowie nie lubią też epatowania kobiecą fizjologią. W dzisiejszych czasach dochodzi do niebezpiecznego przekroczenia granicy intymności. Jeszcze niedawno, kiedy kobieta miała okres, nie wtajemniczała męża w przebieg miesiączki, tylko mówiła krótko: „Jestem niedysponowana". Dzisiaj przychodzą do mojego gabinetu mężczyźni i mówią o swoich reakcjach na niektóre zachowania partnerki. „Panie doktorze, ona w mojej obecności zmienia podpaski i bada śluz. Dla mnie jest to po prostu niemiłe. Jej ciało przestaje mi się podobać". W niewielu związkach partnerzy potrafią powiedzieć wprost: „To mi się nie podoba". I sytuacja trwa zbyt długo. Oczywiście – należy mówić o swoich dolegliwościach, ale nie epatować obrazami. To się może źle skończyć. Są oczywiście także sytuacje, w których to on przekracza granice intymności. Miałem pacjentkę – po prostu załamaną mężem hipochondrykiem. Co tydzień chodził do lekarza, a potem zadręczał ją obrazami swojego chorego gardła, opowiadał o wynikach badania kału i moczu. Nawet po stosunku wychodził do łazienki, oglądał, mył i smarował kremem penisa. W rezultacie musiał się poddać psychoterapii.

Ile trwa okres fascynacji u mężczyzn? Dwa lata?

Traktujmy te dwa lata w kategoriach umownych. To okres tańca godowego, kiedy dwie osoby starają się o siebie. To czas mobilizacji dla tworzenia związku. W zakresie seksu to okres nowości, który trwa przez pierwsze miesiące, a później powoli słabnie. Po początkowym wzlocie następuje stabilizacja. I to wcale nie jest złe. Skończył się czas, kiedy nie wychodzili z sypialni, ale jeżeli uprawiają seks dwa, trzy razy w tygodniu, nie ma co rozpaczać.

Mężczyźni czasami ubolewają: „Kiedyś to rzucałaś się na mnie...".

Może widać zbyt duży dystans między przeszłością a teraźniejszością? Wtedy partnerka była chętna codziennie, a teraz raz na miesiąc? To jest faktycznie duża różnica. Jeżeli wtedy była aktywna, a teraz nie jest, to trudno, żeby on nie rozpaczał. Kiedyś ona codziennie dawała mu do pracy kanapeczkę w pięknym celuloidzie, a teraz nie robi jej w ogóle. W takiej sytuacji powinien jej to powiedzieć.

Jak kochają panowie w sensie uczuciowym, a nie seksualnym? Czy jest jakaś różnica pomiędzy mężczyzną a kobietą?

We wszystkich typologiach miłości, a jest ich wiele, np. miłość erotyczna, miłość maniakalna, miłość typu przyjaźń, możemy mówić tylko o różnicach ilościowych. W pewnych typach miłości więcej jest kobiet, a w innych mężczyzn. Weźmy np. miłość romantyczną, przypisywaną stereotypowo tylko płci pięknej. A przecież bywają panowie romantyczni, tylko niechętnie się do tego przyznają. Bo też niechętnie jest to odbierane przez społeczeństwo. Miłość ludyczna, czyli miłość jako zabawa – więcej jej wyznawców znajdziemy wśród płci męskiej. Owszem, były takie badania, które mówiły, że kobiety zakochują się trudniej niż mężczyźni, ponieważ więcej w to wkładają. Ale też są takie, które zakochują się od pierwszego wejrzenia i niczego nie widzą, niczego nie słyszą oprócz swojego wybranka. Tak samo wiele lat twierdzono, że to panowie bardziej przeżywają porzucenie, ale tego również nie wolno tak generalizować. Sam znam panie, które po porzuceniu przez ich ukochanych przez lata nie mogą się pozbierać. To zależy od wrażliwości danej osoby.

Za jakich chcą najczęściej uchodzić w oczach partnerki?

To jasne: za męskich, odpowiedzialnych, odważnych. Za lepszych niż wszyscy inni. Tylko że to tylko marzenia, bo niestety w moim gabinecie zjawia się mnóstwo kobiet powtarzających wciąż: „On jest strasznie nudny", „Irytuje mnie brak zainteresowań u niego, prowadzimy takie bezbarwne życie". Wiele pań skarży się na brak męskiego autorytetu. Ich partnerzy kompletnie im nie imponują, pod żadnym względem. Najczęściej są to kobiety w związkach z rówieśnikami bądź nieco starszymi od siebie mężczyznami, które dominują w relacji. On wydaje im się mało interesujący, jego reakcje można przewidzieć, stąd pojawia się uczucie znudzenia, monotonii. Nie budzi ciekawości, najmniejszej nawet fascynacji.

Faktycznie są tacy nudni?

Czasami tak. Wiele pań mówi, że w czasie poprzedzającym małżeństwo partner imponował im jakimś ciekawym hobby, pasją, wiadomościami z różnych dziedzin. Po zawarciu małżeństwa to wszystko gdzieś znikło. W niektórych przypadkach rzeczywiście starania mężczyzny o kobietę kończą się z chwilą zawarcia oficjalnego związku. Po ślubie on spoczywa na laurach i zanika motywacja, by się o wybrankę starać.

Inaczej jest w sytuacji, kiedy walkę o dominację w związku wygrywa ona. Wtedy jego pozycja spada i przestaje on mieć jakikolwiek autorytet w oczach partnerki. Może też być tak, że ona ma bardziej atrakcyjną pracę, otaczają ją barwniejsi ludzie. Znałem kobietę, która swojego męża dosłownie wyrzuciła z domu – i poczuła ulgę. Dlaczego to zrobiła? Wyznała, że małżeństwo z nim rozczarowało ją totalnie. On całe dnie spędzał przed komputerem, przed ekranem zarywał noce. Mimo wysokich kwalifikacji nie miał ochoty na rozwój zawodowy, był minimalistą. Nic mu się nie chciało, nawet pójść na spacer, do kina, porozmawiać ze znajomymi. Rozmawiała z nim wielokrotnie, ale nie przyniosło to żadnych rezultatów. Związek zakończył się rozwodem.

Jak mężczyzna ma odbudować swój autorytet w jej oczach?

To trudne, bo jeżeli nagle zacznie sztucznie wzmagać swoje zainteresowanie lekturami czy inną pasją, wypadnie to jak coś robione na zamówienie. Niektórzy panowie wybierają łóżko jako sposób na pokazanie swojej męskości, mnożą pozycje, techniki, ale to także może się okazać żałosną taktyką. Są tacy, którzy w geście samoobrony wymieniają swoje zalety, np.: „Nie palę, nie piję, pomagam w domu, zarabiam dużo". Wszystko prawda, ale to w oczach kobiet jeszcze nie kreuje ich autorytetu.

Bo one chcą być z nich dumne, czuć ich nieprzeciętny intelekt, podziwiać ich pasje i zainteresowania. O czym oni właściwie tak naprawdę zapominają?

O prostej i znanej prawdzie, że kobietę zawsze należy podrywać i okres uwodzenia powinien trwać zawsze. Tak w postaci jej adorowania, wyznań miłości, jak i umiejętności bycia kimś niepowtarzalnym i w jej oczach jedynym.

Jest jednak pewna niebezpieczna prawidłowość, którą od jakiegoś czasu w mojej praktyce obserwuję. Powtarzający się zarzut: „On mnie nie rozumie". Co to właściwie znaczy: rozumieć. Na podstawie rozmów w gabinecie wnioskuję, że ni mniej, ni więcej, jak tylko: „Myśl i czuj tak jak ja". Bycie rozumianą w oczach wielu pań wiąże się z tym, że on musi przyjąć rolę innej kobiety, jej siostry, przyjaciółki, klona, jej wersji bis. To niesłychanie niebezpieczne dla związku. Okazuje się, że upodobnienie się psychiczne partnerów, zlanie się ich osobowości w jedną prowadzi do zaniku wzajemnej atrakcyjności, spadku pożądania, namiętności. Pociąga bowiem inność, a nie tożsamość. Dlatego lepiej, żeby panie nie prosiły Boga o rozumiejących wszystko mężów, bo jeżeli spełni się ich życzenie, w łóżku nic się nie wydarzy. Panowie są zdolni do empatii, ale nie do zrozumienia kobiety. Jeżeli zaś ją zrozumieją tak, jak by ona chciała, natychmiast stracą dla niej swoją atrakcyjność i indywidualność.

Przychodzą mi na myśl tzw. przechodzone związki. On i ona znają się od liceum. Panuje u nich kompletna symbioza i zero namiętności.

Terapeuci ten syndrom doskonale znają. Niedawno na terapię przyszła do mnie para trzydziestolatków, rówieśników. Są ze sobą połowę życia, mają totalne porozumienie psychiczne, podobne zainteresowania, rozumieją się bez słów, razem uczyli się w liceum, studiowali na jednym kierunku. Od trzech lat nie odczuwają do siebie pociągu seksualnego. Po prostu zero stosunków. Dotyk partnera, owszem, jest miły i przyjemny, ale nie roznieca ognia. Czują się jak brat z siostrą.

Jaki jest dla nich ratunek?

Scenariuszy rozwoju wypadków w takiej sytuacji jest kilka. Do końca życia są ze sobą jako białe małżeństwo, a dziecko pochodzi ze sztucznego zapłodnienia albo z adopcji. Mogą żyć razem, ale mieć innych partnerów seksualnych lub rozstają się w przyjaźni. Ja zaproponowałem tej parze odzyskanie ich indywidualności i poradziłem, żeby przez kilka miesięcy pomieszkali osobno. Ten wariant u nich okazał się skuteczny. Oprócz tego musieli się poddać swoistej teatralizacji życia codziennego. Musieli się zacząć inaczej ubierać, zachowywać, po prostu się zmienić i zacząć na nowo siebie uwodzić. W ich przypadku ta terapia się udała.

Panów irytuje też bardzo, jeśli ona nie liczy się z jego zdaniem. Oto przykład bardzo częstych zachowań – ona: „Muszę się odchudzić!", on: „Nie, wyglądasz ładnie", ona: „Ale ja muszę się odchudzić", on: „Ale dlaczego, przecież wyglądasz ładnie". Podczas takiej rozmowy on nabiera przekonania, że ona w ogóle nie bierze pod uwagę jego opinii.

Albo inny problem – strojenie się dla świata. Jeden z moich pacjentów poznał swoją żonę jako atrakcyjnie ubraną kobietę w nienagannym makijażu. Są dwa lata po ślubie, związek ocenia jako udany. Gdyby nie to, że ona – wychodząc z domu do pracy – robi się na bóstwo, a wracając, w domu natychmiast zmywa makijaż i mówi, że nie chce sobie niszczyć skóry. Zakłada też inne ubranie, bo w domu chce się czuć luźniej i w sposób nieskrępowany. Kiedy jej powiedział, że potrzebuje tego jej „opakowania" i że ono mu się podoba – wyśmiała go. Zarzuciła mu, że ceni jej powierzchowność, a nie wnętrze.

Bo tak jest: w wyciągniętym dresie i bez makijażu to wciąż ta sama kobieta. Poza tym makijaż naprawdę niszczy cerę.

Typowa dla pań reakcja. Problem atrakcyjności fizycznej w domu jest bagatelizowany właśnie przez kobiety. Mówią: „Jak mnie kocha, będzie mnie też kochał w brudnym podkoszulku". Otóż nie! Opisany przeze mnie wyżej pacjent zaczął rozglądać się za innymi kobietami. Naturalną koleją rzeczy jest, że w okresie tańca godowego eksponujemy swoje najmocniejsze strony i pokazujemy jak najładniejsze „opakowanie". Tyle tylko, że ono nie może mieć jedynie odświętnego charakteru. Uważam, że podział na swobodne ubranie domowe (dresy i dziurawe skarpety) i elegancję na zewnątrz, uderza w dobro związku.

Panie profesorze, litości dla zapracowanych kobiet!

Prawda, niestety, jest brutalna. Większa troska o wygląd na pokaz w porównaniu z tym, jak ona prezentuje się w domu, sprawia nieodparte wrażenie, że jej na partnerze już nie zależy. Ważniejsze bowiem jest wywieranie wrażenia na innych. Nasza atrakcyjność erotyczna wynika z umiejętności podobania się, budzenia podniecenia, i fakt, że mieszkamy razem wcale nas od tego nie zwalnia.

Proszę to powiedzieć także mężczyznom, może przestaną nosić wymiętoszone podkoszulki i spodenki z ortalionu do klapek i białych skarpetek...

Mówię to także panom: partner nie jest meblem ani wyposażeniem domu, należy liczyć się z potrzebami i oczekiwaniami drugiej osoby, jak i również z koniecznością dbałości o własną atrakcyjność fizyczną. Gdyby wszyscy tak myśleli, wiele związków uchroniłoby to od rozpadu. Znam wiele przypadków, kiedy zaniedbywanie się w domu przyczyniło się do powstania wręcz wstrętu fizycznego do danej osoby i zerwania więzi seksualnej.

Jak panowie odnoszą się do operacji plastycznych kobiet?

Ze zrozumieniem. Oni mają pewne preferencje. Jeżeli on lubi ładne piersi, a jego partnerka po porodach, po karmieniu, utraciła urodę biustu, absolutnie nie będzie miał nic przeciwko temu, aby ona defekt sobie poprawiła. Poza tym, który mężczyzna nie lubi, gdy jego kobieta jest jeszcze piękniejsza? Jeśli podda się operacji dla niego, będzie zadowolony.

Czy fortunną sytuacją jest, kiedy mężczyzna proponuje kobiecie: „Zrób sobie operację plastyczną"?

A dlaczego nie? Oczywiście zależy, w jakiej formie to zrobi. Jeżeli powie: „Obwisły ci piersi, nie mogę na nie patrzeć, masz tu dziesięć tysięcy i idź zrób coś z tym!" – to powinna dać mu w twarz. Ale jeśli powie np.: „Jesteś piękna, ale możesz być jeszcze piękniejsza..." – to taka odrobina dyplomacji nikogo nie urazi. Jestem zwolennikiem chirurgii plastycznej, bo widzę wiele kobiet i ich nagość. Czemu nie poprawić natury, skoro są takie możliwości?

Panie profesorze, proszę mi pomóc zrozumieć płeć przeciwną. Zadam kilka prostych pytań, odnoszących się do najbardziej stereotypowych reakcji męskich, budzących z kolei irytację wśród kobiet. Pytanie pierwsze: Dlaczego nie słucha, co do niego mówię?

Zależy, co ona do niego mówi. To jest sprawa percepcji treści. Jeżeli sprawa go zainteresuje – na pewno posłucha. Jeżeli nie słucha, to znaczy, że albo jest to tzw. babskie gadanie, które go wcale nie interesuje, albo ona mówi do niego to, czego on nie chce usłyszeć. Klasyczny przykład: partnerka, która postępuje wychowawczo i poucza, co i jak ma robić. Zawsze będzie udawał, że nie słyszy, bo ma już tego serdecznie dosyć. Ale jeśli jest interesujący temat, a nie zwykłe babskie paplanie, to na pewno usłyszy.

Dlaczego on uważa, że wszystkie kobiety są głupsze od mężczyzn?

To stereotyp, dzięki któremu mężczyźni poprawiają sobie samopoczucie. Z której strony by na to nie spojrzeć, istnieje opozycyjność między płciami, mają one różne, czasami sprzeczne ze sobą interesy. Jak już nie raz podkreślałem, płeć piękna jest płcią zwycięską w ewolucji. Jeśli on będzie ostentacyjnie podkreślał kobiecą głupotę, to wyrówna swój deficyt poznawczy. Druga przyczyna tego stwierdzenia to niecenienie świata żeńskiego. Według niego to, co ją interesuje, co ona uważa za cenne, jest z jego punktu widzenia niezajmujące, błahe. On sobie ceni mecze, których partnerka może nie oglądać, i to od razu znaczy, że jest głupia. Jeśli on sobie politykuje, a ona nie ma takich zainteresowań, to już znaczy, że jest niemądra. Jeżeli nie czyta książek sensacyjnych albo o II wojnie światowej, tylko „Pożegnanie z Afryką" – dla niego będzie głupsza. Tam, gdzie jest tradycyjny podział płci, on świat damski zawsze może oceniać jako niepoważny.

Dlaczego jest bałaganiarzem i zawsze rozrzuca skarpetki po mieszkaniu?

Bo został źle wychowany w domu, przez mamę.

Zatem co robić, jak go wychować?

Jeżeli wybucha wojna na tym tle i jeżeli jest to możliwe, zawsze radzę: niech w jego pokoju panują tylko jego zasady: bałagan i nieporządek. I niech kobieta do tego pokoju w ogóle nie wchodzi. Można pogodzić te dwa światy, czyli bałaganiarstwa i pedanterii, tylko trzeba je rozgraniczyć – to jest mój rewir i ja za niego odpowiadam, a ty masz swój i tam działaj. Bywają mężczyźni pedanci i to rozwiązanie także zobowiązuje, tyle że na odwrót. Zawsze jest tak, że osoba dominująca charakterologicznie narzuca swój styl i życie domowe toczy się według jej schematu. Jeśli pedant ma silniejszą osobowość, a drugiej osobie bardziej na niej zależy, wówczas druga strona będzie się „podciągać", żeby dogonić pierwszą. Innym przypadkiem jest walka o władzę: ja jestem bałaganiarzem, ty każesz mi sprzątać, ale pokażę ci, że nic z tego. Kiedy jest to walka, faktycznie nic z niej nie wyniknie. Oprócz ciągłych konfliktów.

Dlaczego on nie zauważa mojej nowej sukienki?

To wielki błąd panów. Nie da się ukryć – nie ma na to żadnego usprawiedliwienia. Nieustannie podkreślam na spotkaniach wśród mężczyzn: „Zawsze powinniście zauważyć zmianę fryzury, inną sukienkę...".

Ale on nie widzi.

Nie to, że nie widzi... Gdyby uczestniczył w zakupach... No tak, ale oni są na ogół przyzwyczajeni, że kobiety same sobie kupują a to bluzkę, a to sweterek, i tego nie rejestrują. Chyba że to jest szałowy ciuch. Chyba że wcześniej chodziła w samych spodniach, a teraz założyła sukienkę. Ogarnia go wtedy taki szok poznawczy, że zauważy.

Właśnie, dlaczego on nienawidzi chodzić na zakupy?

Zależy, na jakie. Jeżeli miałby iść po samochód lub najnowszy komputer – szybko by się zmobilizował. Chętnie pójdzie po to, co go kręci: znaczki, gry komputerowe, krawaty, sprzęt do wspinania, książki. Ja lubię muzykę i literaturę – w tygodniu zawsze znajdę chwilę na zakupy. Już na tyle znam moją ulubioną warszawską księgarnię, że tylko wpadam i od razu biegnę tam, gdzie ułożone są płyty z bluesem, i patrzę, czy jest coś nowego. A jeżeli kobieta zechce, aby mężczyzna poszedł z nią kupować sweterek, to przy pierwszym obejrzanym on powie: „Bardzo ładnie wyglądasz, bierz i idziemy". Nie zmuszajmy go, żeby lubił takie zakupy, nie interesuje go to.

Dlaczego on nie lubi moich przyjaciółek?

Ależ to proste – jeżeli są to przyjaciółki atrakcyjne i podobające się mężczyznom, to bardzo je polubi. Bardzo. Będzie dążył do spotkań, do wspólnego spędzania czasu, będzie biegał po zakupy, na przyjęcia i z wielką przyjemnością dolewał do kieliszków wina. Kiedy zaś on nie reaguje na przyjaciółki, to albo mu się one nie podobają jako kobiety, albo uważa, że to jest swego rodzaju klub damski, do którego on nie ma wstępu i z którego obrad nic nie wynika.

Dlaczego nie chce, żebym robiła karierę?

To już na szczęście coraz mniej spotykane zjawisko, ale zdarza się, że mąż wręcz sabotuje działania żony, która awansuje, zdobywa wyższe kwalifikacje. Miałem na terapii parę: ona wybitnie uzdolniona, z szansami na świetny doktorat, on – nie skończył studiów, bo mu się nie chciało. Po kilku latach małżeństwa on stał się agresywny, nadmiernie kontrolujący, w łóżku preferował ostry seks, zdarzało się, że ją poniżał, zmuszając do takich form seksu, na jakie nie miała ochoty. Odechciało jej się zbliżeń, nie miała orgazmów. To go drażniło, zarzucał jej zdradę. Po rozmowie z nim okazało się, że tym, co go najbardziej denerwowało, była kariera żony, w jego mniemaniu ona miała wybujałe ambicje. Uważał, że szef wmawia jej głupoty, a jej zaczynają podobać się dobrze wykształceni mężczyźni i nie mówi w domu o niczym innym, jak tylko o profesorach i habilitacjach. „W łóżku zachowuje się jak królowa i czeka na specjalne hołdy" – twierdził jej mąż. Miał tak głębokie kompleksy na punkcie jej wykształcenia i kariery, że uniemożliwiło to terapię małżeńską. Oczekiwał, że to ona przestanie się zawodowo rozwijać, a nie tego, że on będzie musiał popracować nad swoim nastawieniem do tego problemu. Takim związkom daję niewielkie szanse na przetrwanie.

Wyższa pozycja społeczna żony w stosunku do męża aż tak mocno zaburza relację?

Tak, podobnie jak inne coraz częściej spotykane przyczyny związane ze zmianami obyczajowymi czy zmianami na rynku pracy. Wyższe zarobki żony, sukces medialny jednego z partnerów (to dlatego ci, którzy nagle zostali celebrytami, równie nagle się rozwodzą), zmiana pracy jednej ze stron, wiążąca się np. z częstymi wyjazdami. Bardzo źle się dzieje, jeśli wybranka stanie się przełożoną mężczyzny. Generalnie, faceci gorzej znoszą sytuacje, w których kobieta ich dystansuje: wykształceniem, zarobkami, pozycją społeczną, sukcesem medialnym, witalnością i potrzebami seksualnymi. Z jednej strony następstwem tych zmian jest pojawienie się u panów kompleksów zagrożenia w roli męskiej, przenoszenia tego do łóżka, w którym dążą do dominacji i przewagi. A z drugiej strony ta zmiana relacji może sprawić, że w jej oczach on traci dotychczasową pozycję, staje się mniej atrakcyjny, w efekcie ona reaguje oporem i buntem, chce być inaczej traktowana i oczekuje od partnera dopasowania do jej potrzeb.

Psychologowie mówią, że współczesne związki coraz częściej opierają się na rywalizacji. Uderza ona zdecydowanie bardziej w mężczyznę...

Istotą rywalizacji w związku jest zniekształcenie więzi. Druga osoba staje się konkurentem, zagrożeniem, przeciwnikiem. W relacji pojawiają się przedziwne mechanizmy, jest ona w bardzo chwiejnej równowadze, a partnerzy są dopingowani przez swoje pragnienia wyprzedzenia na jakimś polu tej drugiej osoby, koncentrują się na bilansie swoich sukcesów i porażek. Uniemożliwia to kompletnie stworzenie wspólnoty związku. Co więcej, takie postawy nie występują tylko u ludzi młodych, takie mechanizmy mogą być silne także u osób w starszym wieku, bo stały się one napędową ich życia psychicznego.

Czy rzeczywiście zawiniła tu zmiana obyczajowa i upowszechnienie się partnerskiej

formy związku? A może wina tkwi w naturze psychicznej obu płci?

Niektóre zachowania rywalizacyjne wynosi się z domu, np. dziecko konkuruje ze swoimi rodzicami albo rodzeństwem – zwłaszcza między siostrami taki syndrom jest bardzo mocno rozwinięty. Także jedyne dziecko w rodzinie może jako dorosły walczyć o granie pierwszych skrzypiec. Poza tym, w relacji, kiedy jedna osoba ujawnia postawy rywalizacyjne, druga także może je eksplikować. Znam przykłady, w których stałe wysłuchiwanie kazań na temat własnej doskonałości, zalet, nieomylności i łaski wyświadczanej partnerowi, rozbudziło potrzebę konkurowania. Początkowo miała ona formę stwierdzania, że „i ja mam takie zalety", a potem dochodziło już do wzajemnego licytowania się, kto jest w czym lepszy.

Kobiety zaczęły cenić męskie cechy u siebie, więc panowie nie mogli pozostać w takiej sytuacji obojętni...

Patriarchalny model małżeństwa i przemiany obyczajowe ostatnich lat wyzwoliły w kobietach przekonanie, iż typowo męskie cechy: agresja, skoncentrowanie na sobie, zdolności przywódcze, są lepsze niż żeńskie. Jeżeli ona przejmuje męski styl życia i to poprawia jej poczucie własnej wartości – w takim związku on może się czuć zagrożony i zacząć rywalizować z własną partnerką „o władzę".

Rywalizacja rywalizacji nierówna. Która jest najgorsza?

Nie ma gorszych i lepszych, dotyczą one po prostu różnych dziedzin życia. Zdecydowanie jednak najgorsza dla mężczyzny jest tzw. rywalizacja prestiżowa. Znam związki, w których podstawowym motywem zrobienia doktoratu, skończenia studiów, awansu czy zmiany miejsca pracy była... chęć konkurowania z kobietą. W niektórych relacjach partnerzy po prostu ścigają się, kto więcej osiągnie. Czasami trudno określić, czy pod postawą „znaczyć więcej, mieć więcej" kryje się autentyczna chęć samorozwoju czy właśnie motyw rywalizacji. Na pewno szczególnie zagrożony czuje się w takim układzie mężczyzna. Z badań przeprowadzonych wśród kobiet wynika, że one w płci przeciwnej cenią wyższość w pozycji zawodowej, stopień naukowy.

Drugi typ rywalizacji znają doskonale bywalcy imprez domowych, przyjęć i garden parties. W rywalizacji towarzyskiej areną są uczestnicy spotkania, a zwycięzcą ten, kto znajdzie większe uznanie, aprobatę ze strony innych. Często zachowania prowadzą do ośmieszenia, dyskredytacji partnera. W gabinecie wielokrotnie słyszę: „On (-a) w towarzystwie staje się kompletnie inną osobą, nie mogę go (jej) poznać, w domu wszystko zmienia się jak za dotknięciem różdżki".

Istnieje także dosyć niebezpieczny rodzaj rywalizacji kompensacyjnej – w przypadku poczucia niższości wobec partnera, który w dodatku na każdym kroku podkreśla cechy i umiejętności, w których jest lepszy, może się wytworzyć mechanizm podkreślania swojej wyższości właściwie w każdej dziedzinie życia, w której ma się przewagę. „Jestem z lepszej rodziny", „Moja matka robiła lepszą szarlotkę", „Jestem wrażliwszy (-a) od ciebie".

W łóżku też rywalizujemy?

Tak. Mówiąc np.: „Nie osiągam orgazmu, bo nie potrafisz mnie rozbudzić" albo: „Jestem sprawny we współżyciu, ale nie daje mi ono zadowolenia, nie jesteśmy dopasowani".

Często się mówi: „Po ślubie on się zmieni".

To jest bardzo iluzoryczna wiara. Sam ślub nie zmienia, za zmiany trzeba się wziąć wcześniej. Kiedy kobieta widzi, że mężczyzna ma np. problem alkoholowy, on powinien zmienić się już przed małżeństwem, jeżeli mu na niej zależy. Jeśli tego nie zrobił, to już jest jej naiwność. Można wierzyć, że gdy zamieszkają razem, coś się zmieni, np. będzie bardziej dbał o dom. Może i tak, ale nastąpi to nie z powodu ślubu, tylko z powodu zamieszkania razem.

Przed laty wyszła w Polsce książka amerykańskiego psychiatry Arthura Harry'ego Chapmana, w której daje on dwanaście rad przedmałżeńskich. Wciąż aktualnych.

Nie poślubiaj nikogo, kogo nie znasz dobrze przynajmniej od roku, w razie wątpliwości poczekaj dwa lata. Stare powiedzenie: „Żenić się szybko i żałować długo" stanowi klucz do często przez lekarza oglądanych nieszczęść. Zakochanie może być trwałą podstawą małżeństwa, ale musi to być zakochanie, które przetrwa przynajmniej rok. Miłość od pierwszego wejrzenia może być prawdziwą miłością, ale powinna mieć siłę przetrzymania powtarzającego się widoku ukochanej osoby podczas co najmniej rocznych częstych spotkań.

Przyjrzyj się dokładnie rodzinie przyszłego współmałżonka. Dobrze przystosowani, szczęśliwi ludzie mogą niekiedy pochodzić z nieodpowiednich środowisk, ale trzeba pamiętać, że osobowość narzeczonego uległa w znacznej mierze wpływowi atmosfery emocjonalnej i nastawień środowiska, w którym był wychowywany. Co więcej, w małżeństwie człowiek zyskuje nie tylko partnera, ale wielu nowych członków rodziny, i niekiedy musi z nimi blisko żyć. Trzeba znać wszystkie problemy istniejące między narzeczonym a jego rodziną. Jeśli przyszła teściowa jest bardzo władczą kobietą, trzeba wiedzieć, czy wybranek uwolnił się od jej panowania, czy wciąż jej ulega.

Nigdy nie poślubiaj kogoś, oczekując, że małżeństwo zmieni jego osobowość. Akt wzięcia ślubu nie uczyni osoby nieodpowiedzialnej odpowiedzialną, leniwej pracowitą lub kogoś niestałego stałym. Wiele nieszczęśliwych oficjalnych związków zostało opartych na przypuszczeniu, że „on uspokoi się po ślubie". Małżeństwo wymagające intymnego interpersonalnego przystosowania się do wielu nowych odpowiedzialności raczej stworzy nowe problemy, niż rozwiąże dawne. Ono także nie leczy alkoholizmu. Stany lękowe i rozrzutność również nie ulegają poprawie dzięki dwudziestominutowej ceremonii małżeńskiej.

Nie poślubiaj nikogo z myślą o jego nawróceniu. Współmałżonkowie mogą sobie nawzajem pomagać w przejściu przez życie i wywierać na siebie nawzajem pewien pozytywny wpływ, ale nawrócenie na dobrą drogę i rozległa zmiana osobowości stanowią w małżeństwie niezdrowy cel.

Nie poślubiaj nikogo z litości. „Nie kochałam go, ale on mnie potrzebował, a ja go żałowałam". Tego rodzaju litość często prowadzi do rozgoryczenia, a rozgoryczenie staje się z czasem nienawiścią. Małżeństwo powinno być oparte na rozsądnym szacunku i uczuciu, a nie na litości zaprawionej pogardą.

Nigdy nie zawieraj małżeństwa dla uniknięcia pewnej sytuacji. Niekiedy nieszczęśliwa w domu rodziców młoda osoba używa tej relacji jako środka do wyjścia ze środowiska rodzicielskiego. Młody mężczyzna z czepiającą się matką może ożenić się tylko dlatego, żeby od niej uciec do spodziewanej swobody we własnym domu.

Nigdy nie należy brać ślubu w przekonaniu, że seks w małżeństwie wzbudzi miłość i serdeczność tam, gdzie tych uczuć poprzednio nie było. Pożycie seksualne wymaga miłości i serdeczności, ale ich nie stwarza.

Nigdy nie pozwól nikomu namówić się do małżeństwa wbrew twemu zdaniu i na przekór twoim skłonnościom uczuciowym. Życzliwi krewni i wścibscy swaci poczytują sobie za zasługę namawiać ludzi do małżeństwa. Kierują nimi fałszywe przesłanki, jakoby samotne życie było klęską, a małżeństwo obowiązkowym szczęściem.

Nigdy nie zawieraj małżeństwa dla samych pieniędzy. Stare powiedzenie: „Nie można żyć z samej miłości" należy łączyć z ostrzeżeniem: „Małżeństwa same pieniądze nie utrzymają".

Jeżeli u progu małżeństwa poczujesz wyraźnie, że popełniasz błąd, nie bierz ślubu. Uniknęłoby się wielu nieszczęśliwych małżeństw, gdyby nie słowa zatroskanych rodziców: „Ależ Małgosiu, zaproszenia już rozesłane, już za późno na wycofanie się". Nieprawda, cofać się można aż do chwili, kiedy on powie: „Chcę...".

Nie zawieraj małżeństwa wyłącznie dlatego, że chcesz być po ślubie. Wiele nieszczęść małżeńskich zaczyna się od tego, że „trzy koleżanki wychodziły ostatnio za mąż, wszystkie moje przyjaciółki są już zamężne".

Bierz ślub z kimś, kogo towarzystwo ci odpowiada. Partnerzy powinni lubić ze sobą rozmawiać, przebywać ze sobą i dotykać się.

Mężczyźni powszechnie uważają, że w przypadku kobiet „stara miłość nie rdzewieje" i że „pierwsza miłość nie umiera nigdy".

Owszem, zdaniem panów, pierwszy związek kobiety definiuje jej sposób przeżywania miłości. Do niego zawsze wracają wspomnieniami, a pierwsze doświadczenia mają rzekomo trwały charakter. W istocie wszystko opiera się na tym, jaki był to związek: jeżeli bardzo udany, a następny jest mniej atrakcyjny, to – rzeczywiście – ona będzie wracała do niego myślami. Jeśli natomiast obecna relacja jest subiektywnie atrakcyjna, poprzednia straci na znaczeniu.

Ale życie bywa dużo bardziej skomplikowane. Przyszła do mnie para, która borykała się z problemem braku orgazmu u kobiety. Na pierwszy rzut oka wydawało się, że wszystko jest OK: kochają się, dbają o sztukę miłosną, nie mają większych kłopotów zawodowych i żyją w dużym, wygodnym mieszkaniu. Ona nie tylko nie miała orgazmu, ale także w dziwnie, irracjonalnie negatywny sposób chwilami reagowała na swojego partnera. Okazało się, że źródłem problemu jest przeniesienie na swojego męża frustracji z poprzedniego związku. On był podobny do sympatii, która z nią brutalnie zerwała przed laty, pozostawiając w kobiecie poczucie odrzucenia i opuszczenia. Później wprawdzie miała ona jeszcze dwóch partnerów, z którymi seks był udany, dlatego nie przypuszczała, że uczucia z przeszłości mają jeszcze dla niej jakieś znaczenie. Wyszło na jaw, że wybór tak podobnego do ekspartnera mężczyzny nie był przypadkowy: stanowił wyraz niespełnionej miłości, a brak orgazmu i negatywne reakcje na niego były rodzajem spóźnionej kary. Dlatego uważam, że w życiu seksualnym istnieje pewna „pamięć" zdarzeń i przeżyć. Wynika to ze specyfiki więzi partnerskiej, ponieważ związek uczuciowy, erotyka jest źródłem najbardziej osobistych przeżyć, a także poczucia wartości i jako mężczyzny, i jako kobiety. Powiedzenie: „Ten związek się dla mnie nie liczy" to prawda pozorna. Każda relacja angażująca uczucia, seks, męskość, kobiecość jest ważna.

Mówi się często, że mężczyzna musi się wyszumieć w młodości. Musi?

W tym mówieniu o męskim „wyszumieniu się" pokutuje stereotyp, że on może odbyć w życiu określoną liczbę stosunków, zatem przypisuje się seksowi siłę energetyczną. „Wyszumiał się" – w tym przypadku oznacza, że „wypaliła się" i „zużyła" pewna skończona część seksenergii. Tymczasem nie ma czegoś takiego, a skądinąd wiadomo, że ustabilizowane i regularne współżycie rozwija seksualne zdolności panów i wydłuża ich trwanie.

Otóż, nie musi się wyszumieć, a mało tego, uważam to za dość niebezpieczne przekonanie. To zgoda na to, że w przyszłości skrzywdzi wiele osób, będzie miał wiele partnerek, wciąż je będzie zmieniał, porzucał. Nawet gdyby się wyszumiał w agencji towarzyskiej, prostytutki co prawda nie będą przez niego cierpieć, ale z tego doświadczenia wyniesie „agencyjny model seksu". Też niedobrze, bo wtedy będzie traktował potencjalne kochanki bardzo instrumentalnie. Pojęcie „wyszumienia za młodu" miało dawać kobiecie poczucie bezpieczeństwa: „On wcześniej wyszalał się z innymi, to ze mną na pewno chce stworzyć stały związek i nie zdradzi mnie. Przecież wystarczająco się wyszumiał".

Ale takiej gwarancji mieć nie może.

Bo co to znaczy dla mężczyzny „wystarczająca liczba partnerek"? Ona może wahać się, jak mówiliśmy wcześniej, między jedną a pięćset albo i więcej. Czyli wiara w to, że wyszumiał się za młodu i teraz będzie grzecznie wychowywał gromadkę dzieci, jest złudna. Jeśli szumiał za młodu, to znaczy, że miał łatwość nawiązywania kontaktów erotycznych z kobietami. Czy zrezygnuje z tego? Co prawda znam takich, którzy zaciskają zęby i mówią: „Nie, nie mógłbym jej tego zrobić". Ale większość korzysta z nabytych umiejętności i prowadzi dalej atrakcyjne życie erotyczne.

Bywa także odwrotnie. On jest jej pierwszym partnerem. Kompletnie się nie wyszumiał...

...i jest pod naporem dużych sił interpersonalnych. Jego koledzy szumieli za młodu. Mężczyźni się chwalą swoimi podbojami. On tego słucha i może mieć poczucie: „Coś jest ze mną nie tak". Ze strony jego kobiety może dochodzić także inny czynnik: facet może nie być dla niej tak atrakcyjny.

Dlaczego?

Bo była jego pierwszą i nie miała poczucia zwycięstwa w rywalizacji z innymi kobietami. Wtedy w jej oczach on może stracić autorytet. Wielu panów będących w takiej sytuacji zdradza, żeby sobie poprawić samoocenę i nie mieć kompleksu „jednej kobiety przez całe życie". I niekiedy te ich zdrady są na siłę, żałosne. A ponieważ nie mają obycia i doświadczenia z płcią przeciwną, może się to dramatycznie dla związku skończyć. Bo mężczyzna mający wiele partnerek, zna mniej lub bardziej kobiece sztuczki i strategie. Potrafi odróżnić, gdzie jest gra, udawanie, gdzie są podchody. Nie da się łatwo okręcić wokół palca. A ten „niewyszumiany" jest bezbronny. Jeżeli żona jest jedyną jego partnerką i w jej oczach jest niedowartościowany, staje się niezwykle łatwą zdobyczą dla sprytnej kobiety. Gdy mężczyzna wejdzie w romans ze „sprytną", może przeinterpretowywać jej zachowanie. To rodzi dramaty. Tacy faceci odchodzą od żon, robią w życiu rewolucje, chociaż nowy związek nie gwarantuje sukcesu i w rezultacie okazuje się totalnym rozczarowaniem, iluzją, a nie rajem.

Czy kobiety powinny wypytywać mężczyzn o przeszłość erotyczną?

Nie. W ogóle nie warto się w to bawić. Można zyskać błędny obraz, ponieważ gdy ona się dowie, ile to on miał partnerek i co to były za związki, może dojść do przekonania, iż traktuje kobiety instrumentalnie. Znam pana, który był atrakcyjny dla pań tak bardzo, że dosłownie oknem do niego wchodziły. Teoretycznie miał dużo dziewczyn, ale nie był z tych, co szukają panienek do wyrwania. To one go szukały. I co ta liczba znaczy? Właściwie nic. Lepiej nie grzebać w przeszłości, nie budzić demonów. Zamiast szpiegować ekskochanki, lepiej poznawać środowisko swojego wybranka: ojca, matkę, rodzeństwo. I rozpoznawać tamte relacje. To nam więcej powie o mężczyźnie.

Ale oni często gorączkowo wypytują swoje partnerki o ich historie miłosne sprzed lat. Chcą wiedzieć, jacy byli ich ekspartnerzy, co się działo w łóżku.

To prawda. Znajomość przeszłości erotycznej jego kobiety jest dla mężczyzny bardzo istotna. Dlaczego? Wynika ona z potrzeby posiadania na własność, z męskiej ambicji, braku poczucia bezpieczeństwa w związku, niepewności w roli partnera i niepokoju, jak on wypada w porównaniu z ekspartnerem. Niekiedy przeszłość wybranki jest tak trudna do zniesienia, że wywołuje silną zazdrość, zwłaszcza jeżeli więź seksualna między dwojgiem ludzi pozostawia wiele do życzenia. Nie namawiam więc pań do szczerych zwierzeń na temat własnej przeszłości seksualnej. Potrafią one być dla ich partnerów niezwykle stresujące.

I natychmiast wchodzimy na grząski grunt zazdrości. Proszę sobie wyobrazić, że on słyszy: „Mój eks miał większego!". Albo że stosował wiele rozmaitych technik erotycznych, o których ten nie ma pojęcia. Co taki mężczyzna może sobie pomyśleć? Świadomość bycia gorszym od poprzednika wzbudza nie tylko trudną do zniesienia zazdrość, ale także obniżenie poczucia wartości, kompleksy, zahamowania seksualne. Wspominałem już wcześniej, że u niektórych dochodzi do tzw. kastracji psychicznej – ogromnego poczucia niższości i niepełnej wartości jako mężczyzny. Niektóre panie z premedytacją kastrują swoich kochanków. Uwaga! W takich przypadkach emocje mogą być tak silne, że nierzadko zazdrość powstała w ten sposób może doprowadzić do prawdziwych dramatów. Miałem pacjenta – człowieka sukcesu, który był trzecim mężem również kobiety sukcesu. Miłość od pierwszego wejrzenia – oboje bardzo do siebie zbliżeni charakterami, nawet emocje wyładowywali podobnie, rzucając talerzami o podłogę. Wyznali sobie wszystko, również historie kolejnych związków. Kryzys przyszedł niespodziewanie, on przestał mieć ochotę na seks, powoli oddalali się od siebie. Jaka była tego przyczyna? On usłyszał liczbę jej byłych, a wynosiła ona: dwudziestu. I w jego oczach zmienił się jej obraz. W dodatku, jak podkreślił, większość z tych facetów spotykał na spotkaniach towarzyskich. To był „jej męski harem" – tak to określił. Nawet jeśli rozmawiało mu się z nimi bardzo sympatycznie. Poza tym, o kilku z nich wiedział, że są w seksie bardzo perwersyjni. Doszedł do wniosku, że żona jest z nim z rozsądku, a nie z miłości, i przestał wierzyć w to, co mówiła – że jest najbardziej pomysłowym i atrakcyjnym kochankiem, jakiego miała. Poczuł, że dusi się w sypialni, bo prawdziwy tam tłok... Para rozwiodła się właśnie z powodu zwierzeń na temat swoich eks.

Ale odrobina zazdrości w związku dodaje miłości pikanterii.

Zgadzam się, że pewna dawka zazdrości dobrze wpływa na atrakcyjność związku. I to zarówno ze strony mężczyzny, jak i kobiety. W relacjach damsko-męskich przejawy tego uczucia są naturalnym zjawiskiem. Najczęściej wiążą się z poczuciem niepewności, lękiem przed utratą obiektu miłości, samotnością, poczuciem erotycznej przewagi drugiej osoby, jej oddziaływania na innych.

Zazdrość jest epizodyczna, rzadziej przyjmuje stałą formę, i jeżeli tak się dzieje, jest to powód do niepokoju. Nasila się w przypadku, kiedy między partnerami jest znaczna różnica atrakcyjności i wieku. Jeżeli niepozorny pan zwiąże się z wyjątkową panią, a ułatwił mu to wysoki standard materialny – inaczej mówiąc „kupił" sobie kobietę – może to w nim wyzwalać poczucie niepokoju. Bo, a nuż znajdzie się ktoś jeszcze ciekawszy, kto ma w dodatku więcej pieniędzy? Albo jego piękność dopuści się niewierności z tzw. golcem, ale za to lepszym od niego pod względem fizycznym? Ten niepozorny mężczyzna pilnuje jej zatem jak oka w głowie i tę jego postawę jesteśmy skłonni zrozumieć. Podobnie jest ze związkami osób z dużą różnicą wieku. Lęk przed zdradą z młodszym, pełnym wigoru kochankiem, jest wpisany w taką relację.

Zazdrość zdarza się także w związkach, w których oboje są świadomi tego, że nie spełniają w pełni wszystkich potrzeb drugiej strony. To także można zrozumieć. Podobnie w nieformalnych relacjach. Tam także poziom tego uczucia jest większy niż w zalegalizowanych – sam fakt braku prawnego zalegalizowania może prowokować lęk i niepewność przed możliwością odejścia partnera. Zazdrość u mężczyzn nasila się od czasów wynalezienia pigułki antykoncepcyjnej – kobieta bowiem nie ryzykuje zajścia w ciążę, dlatego może być skłonniejsza do zdrady.

Deklaracja: „Wcale nie jestem o ciebie zazdrosna (-y)" nie musi koniecznie podobać się drugiej stronie. Miałem pacjenta kompletnie nieodczuwającego tego uczucia wobec swojej żony. Bardzo mu się podobała, uważał ją za atrakcyjną partnerkę, cenił jej monogamiczność, uczciwość, słowem – nie miał powodów do zazdrości. Żona kilkakrotnie go pytała, czy nie jest o nią zazdrosny – odpowiadał zgodnie z prawdą, że nie. Entuzjazmu w niej te wypowiedzi nie wzbudzały. Na szczęście to zauważył. Postanowił kiedyś urządzić jej karczemną scenę zazdrości – tylko po to, aby zobaczyć jej reakcję. Jakie było jego zdumienie, kiedy okazało się, że ona jest po prostu szczęśliwa. Przez cały dzień chodziła uśmiechnięta, lekko rozbawiona i nieustannie zapewniała go, że nie ma powodów do obaw. Przykład z drugiego bieguna: z natury zazdrosna żona nie mogła złapać męża na zdradzie. On, spokojny monogamista, nie miewał przygód z kobietami. Ona, nie mając podstaw do strachu, podczas przyjęć towarzyskich usiłowała „kojarzyć" swojego ukochanego z różnymi paniami i wyobrażała sobie miłosne sytuacje między nimi. Było to na tyle intensywne, że w końcu sama w nie uwierzyła i zaczęła mu robić sceny zazdrości. Zaskoczony bronił się, ale po pewnym czasie uznał, że być może „coś jest na rzeczy" i być może te potencjalne kochanki w rzeczywistości mają na niego chrapkę... O mały włos, a zacząłby to sprawdzać w praktyce, przystąpił już do nieśmiałego flirtu, co spowodowało gwałtowny atak ze strony żony. On sam zaczął także innym okiem patrzeć na to, jak ona zachowuje się wobec innych mężczyzn. Rezultat? Eskalacja wzajemnej zazdrości – oboje zaczęli wytaczać wobec siebie podobne argumenty i te same oskarżenia. Skończyło się terapią małżeńską, która ujawniła, że ta kobieta w małżeństwie powielała wzorce swoich rodziców.

Wniosek: nie igrajmy z zazdrością.

Całkowity brak tego uczucia u drugiej osoby rzeczywiście może niepokoić. Partner zbyt pewny siebie, uczuć drugiej osoby, jej niezłomności w dochowaniu wierności, może najzwyczajniej w świecie przestać się starać. Dlatego pewna lecznicza dawka zazdrości jest jak najbardziej wskazana. Ale musi być stosowana rozsądnie i z umiarem. Przykład: mężczyzna chcący wzbudzić u żony zazdrość zaczął wracać późno w nocy. Do pracy chadzał starannie ubrany, skropiony drogą wodą toaletową. Wieczorem miewał na koszuli ślady szminki (własnoręcznie tam umieszczone). Jego ukochana wystąpiła o rozwód, bo była ambitna i nie miała ochoty być poniżana. I chociaż on przed sądem przyznał, że to była tylko gra, rozwód został orzeczony. Aby umiejętnie sprowokować zazdrość, potrzeba zdolności aktorskich, intuicji i wiedzy o tym, jak nie przeciągnąć struny. Kokieteria w tym przypadku może i powinna mieć swoje granice. Jeżeli kobieta wie, że jej facet jest zazdrosny, niech unika dwuznacznych sytuacji. Znałem pana zazdrosnego o... sny swej wybranki. Wyznała mu ona bowiem, że miewa marzenia senne o erotycznej treści, w których pojawiają się nieznani jej lub znani mężczyźni. Partnerzy kobiet bywają zazdrośni o ich pasje, zainteresowania, świat wewnętrzny, o wszystko. Przestrzegam także, zarówno płeć męską, jak i żeńską przed wcale nierzadkim zjawiskiem zazdrości prowokowanej przez inne osoby.

„Pojechała do Egiptu? Sama? Z koleżanką? Czy ty nie wiesz, co tam się na tych hotelowych plażach wyrabia?"...

Właśnie. Albo: „Delegacje służbowe, spotkania integracyjne, wiadomo, do czego one prowadzą". Jeżeli zdarzy się, że rzucona przez kogoś ot tak sobie złośliwa uwaga padnie na podatny grunt, bo np. w związku jest kryzys lub słabszy moment, może się okazać, że podstawy do zazdrości są jak najbardziej oczywiste. Zdarzają się także złośliwe kawały, np. pisanie listów pełnych erotycznych wspomnień i wysyłanie ich do niby-kochanka czy kochanki, a list ten przechwytuje partner lub partnerka. W ten sposób, z powodu zazdrości prowokowanej z zewnątrz, wiele związków uległo rozbiciu. Czasami także członkowie rodziny przykładają rękę do rozpadu relacji, prowokując to uczucie. Znam przypadek małżeństwa, które nie przetrwało tylko i wyłącznie z tego powodu, że matka nie była zadowolona z synowej. A dokładnie z tego, że syn ożenił się, nie pytając jej o zgodę. Ponieważ nie miała jej nic do zarzucenia, stopniowo i systematycznie wzbudzała u syna nieufność do jego ukochanej. Wreszcie on uwierzył, że ona jest mu niewierna.

Czy, jeżeli zazdrość pojawi się w związku, można ją w jakiś sposób zneutralizować?

Na pewno trudno jest przekonać patologicznie zazdrosnego partnera o swoim nienagannym prowadzeniu się. Ale jeżeli w miarę normalnie funkcjonującym związku pojawi się problem tego uczucia: zarówno kobieta, jak i mężczyzna powinni uznać je za chwilową słabość, zamiast koncentrować się na nim i kreować z niego najpoważniejszy problem w związku. Warto z jednej strony nie dopuszczać jej do siebie, a z drugiej – w ten sposób pracować nad relacją, aby zazdrość nie miała do niej wstępu.

Kilka dobrych rad? Warto pracować nad prawdziwymi partnerskimi relacjami, unikać zależności i uzależniania się. Nie trzeba żądać dowodów wierności, bo niby jak miałyby one wyglądać. Nie bądźmy małostkowi, nie kłóćmy się o szczegóły. Spotykając mężczyznę, warto być wyczuloną, na ile jest on tolerancyjny i będzie obdarzał kobietę zaufaniem nawet wtedy, kiedy będzie miała niestereotypowe hobby, jak choćby rajdy wyścigowe w męskim gronie. Panie często mają tendencję do stwarzania gry pozorów, udawania, że się nic nie dzieje. Najlepiej jest jak najszybciej rozwiązać nieporozumienia bez stosowania epitetów wobec drugiej strony czy stosowania agresji. Wybranek czy wybranka nie jest własnością, a miłość – chociaż na pewno każdy myśli o niej, że jest jedyna i wyjątkowa – nie ocali małżeństwa, jeżeli zabraknie w niej przestrzeni dla obojga. Wspierajmy się, unikajmy karania. Strach o to, że on czy ona odejdzie, należy przemodelować na codzienny wysiłek, żeby drugiej osobie było z nami dobrze.

Niech przestrogą dla wszystkich mających tendencję do bycia zazdrosnym będzie historia znana mi z procesu sądowego. On był chorobliwie zazdrosny o swoją żonę, śledził ją, wynajął nawet detektywa, ale szybko zrezygnował z jego usług, stwierdzając, że ten ma na pewno romans z jego żoną. Jego obsesja spowodowała, że stracił pracę, bo całe dnie poświęcał na jej śledzenie. Bez skutku. „Ona jest sprytniejsza, niż sądziłem" – pomyślał sobie i – bez skrupułów – wtargnął za nią do publicznej damskiej toalety. Niestety, pomylił drzwi.

Jak długo dobry seks może utrzymać kiepski związek?

Długo. To jest w końcu bardzo ważna sfera życia. Dzieje się tak częściej w przypadku mężczyzn niż kobiet. Jeżeli związek jest niezbyt udany, ale on jest bardzo zadowolony z życia erotycznego, potrafi wytrzymać bardzo długo. Stworzy sobie zastępczy świat. Wolny czas zorganizuje w gronie znajomych, na nieposprzątany dom może przymknąć oko i zatrudnić pomoc domową. Gdy kobieta źle gotuje, może samemu gotować albo chodzić do baru. Znajdzie przyjaciółkę do zwierzeń. Łóżko potrafi utrzymać...

Fascynacja minęła, urodziło się pierwsze dziecko, drugie. Mężczyzna idzie z wózkiem, jego twarz wyraża jedno: „O Boże, ale się wkopałem – nie tak miało być...”.

Dała pani przykład reakcji jednego z typów męskich. Spodobała mu się kobieta, poczuł namiętność, poszli do łóżka. Jest dla niego tak atrakcyjna, że za wszelką cenę chce ją utrzymać przy sobie. Jaki jest na to sposób?

Dziecko? Małżeństwo?

Najlepiej to i to naraz. Zaczynają tworzyć trwały związek. Ale później okazuje się, że to, co było motywem, czyli atrakcyjność seksualna, przesuwa się na dalszy plan. Dla kobiety priorytetem jest dziecko, życie rodzinne, a łóżko nie jest najważniejsze. Dlatego mężczyzna idzie z tym wózkiem z nieszczęśliwą miną i myśli, że nie tego się od życia spodziewał. Marzył o erotycznym raju i oddanej kochance, a ma zdenerwowaną matkę zajętą płaczącym maluchem. Ale ponieważ nadal darzy ją uczuciem i mają dziecko, to czuje się uwiązany.

Oczywiście są mężczyźni, którzy reagują inaczej. Od rozpoczęcia ciąży studiują parentingowe książki [przeznaczone dla przyszłych rodziców poradniki wychowawcze i psychologiczne, często pisane oddzielnie z perspektywy matki i z perspektywy ojca – przyp. red.], są razem przy porodzie, wychowują dziecko. Rozumieją, że owszem, seks jest bardzo ważny, ale istnieją także ważniejsze rzeczy. Zresztą nawet biologia to przewidziała – w okresie zaawansowanej ciąży, w okresie połogu popęd seksualny u mężczyzn słabnie. Ci panowie są pełni podziwu dla kobiet. Ciąża, którą się nazywa stanem błogosławionym, jest zwykle stanem uciążliwym. Później jest poród, nieprzespane noce, marudzenie dzieci, ząbkowanie, pierwsze choroby. Mąż podziwia żonę, bo wie, że gdyby się zamienili miejscami, nie dałby rady. Pani dała przykład z męskim nieszczęściem wlokącym się za wózkiem, a ja daję inny – pozytywny: para razem prowadzi wózek.

Jednak wiele związków popada w rujnujący schemat. Ona rodzi dziecko, on chodzi do pracy, a kiedy wraca – wymaga obsługi domowej: obiadu, telewizora, piwka. I czasami zgłasza się także do specjalisty, żeby rozwikłał problem: dlaczego jego partnerka nie ma ochoty na seks, który przed urodzinami dziecka był częsty – dwa, trzy razy w tygodniu. Mężczyzna uważał, że jest dobrym mężem i ojcem, dba o dzieci i żonę, pracuje, a poza tym już dłużej tak nie może i znajdzie sobie kochankę, bo nie może żyć bez erotyki. Ja miałem ostrzec jego kobietę, że to nie przelewki i że wybrzmiał ostatni dzwonek na zmianę w jej postępowaniu. Jej wersja znacznie różniła się od tego, co mówił mąż. Okazało się, że w domu nie robi nic, a ją traktuje jak arabską żonę. W łóżku żądał obsługi, nie zauważywszy nawet, że partnerka pada ze zmęczenia. Wynikało to nie tylko z jego wychowania, w którym matka odgrywała rolę „przynieś, wynieś, pozamiataj", ale także z obcowania z gronem mężczyzn pomstujących na emancypację płci żeńskiej i zmianę ról w małżeństwie.

Rozstali się?

Nie, zatrudnili pomoc domową, co odciążyło nieco kobietę. Ma większą ochotę na seks. Czasami proste rozwiązania, takie jak poproszenie o pomoc kogoś z zewnątrz, mogą uratować relację.

Jak powinien zachować się mężczyzna w związku, w którym kobieta za wszelką cenę chce mieć dziecko?

Na ogół panowie to rozumieją, wiedzą, że jest coś takiego jak instynkt macierzyński, który u kobiety może pojawić się nieoczekiwanie. Nagle przyjaciółka urodziła dziecko, ona poszła odwiedzić ją w szpitalu, wzięła na ręce niemowlaka, i już poszła lawina. Mężczyźni temu się nie dziwią.

Rozumieją i wspierają?

Pewne stereotypy też mają trochę racji i ułatwiają życie. On wie, że kobieta musi mieć dziecko. Jak musi, to musi.

Ale „praca nad dzieckiem", czyli współżycie w dni płodne w przypadku par starających się o potomka, nie wpływa zbawczo na męską ochotę na seks.

Przez wiele lat, nawet na długo przed „epidemią niepłodności", zjawiało się u mnie wiele par rozczarowanych sytuacją w ich związku. Szczególnie kobiety wydawały się mocno zaniepokojone tym, że właśnie w tym „gorącym okresie" mężczyzna nie stawał na wysokości zadania, czyli miał krótkotrwałą impotencję. Mówię tu o parach, które przed laty stosowały metodę kalendarzyka małżeńskiego. To, co się dzieje w tej chwili w związkach zagrożonych bezpłodnością, jest jeszcze bardziej skomplikowane. Ona go ponagla, że teraz, zaraz ma przyjechać, on wybiega z pracy, jedzie samochodem, wpada do mieszkania i... nic się nie dzieje.

Za to w jego głowie pewnie dzieje się mnóstwo...

Tak, absolutnie nie odpowiada mu ta sytuacja. Z rozrzewnieniem wspomina czas sprzed „pracy nad dzieckiem", kiedy razem z partnerką byli nastawieni na przyjemność i kochali się, kiedy mieli ochotę. Nastawienie na zapłodnienie w głowie niejednego pana zmienia postawę wobec więzi seksualnej.

Czuje się zapładniaczem i źle mu z tym?

Tak, bo ma zadanie do wykonania, a partnerka bardziej od orgazmu ceni sobie teraz bycie zapłodnioną. To czasami niebywale dramatyczne sytuacje. Jego impotencja w okresie płodnym może być podświadomym buntem przeciw nowemu znaczeniu więzi seksualnej, która z wartości partnerskiej w jego oczach przerodziła się w wartość biologiczną. Nawet jeżeli na równi z kobietą chcą mieć dziecko. Bo wielu mężczyzn najzwyczajniej w świecie boi się bycia ojcem, utraty swej pozycji w uczuciach ukochanej. Może się lękać przebiegu ciąży, stanu zdrowia dziecka. A lęk sprzyja wystąpieniu zaburzeń seksualnych – to dość typowy mechanizm. Pocieszam, że leczenie tego typu impotencji jest stosunkowo łatwe.

Rutyna to największy wróg każdego związku?

Wielu pacjentów mnie pyta, jak sprawić, by szczęście w związku nie przemijało? Jak uniknąć przesytu i zobojętnienia? Jak znaleźć klucz do unieśmiertelnienia tej radości? Odpowiedź na to pytanie nie jest prosta, bo każdy związek musi znaleźć swoją drogę. Wiadomo, że początkowo większości relacji damsko-męskich towarzyszy pełnia radości i szczęścia. Życie we dwoje, życie rodzinne jednak ulega ciągłym zmianom: rodzą się dzieci, starzeją się rodzice partnerów, przeżywamy wzloty i upadki w karierze. Niezmiennie jednak to partnerzy mają klucz do szczęścia. Ten klucz to uczucia, miłość, sztuka życia i umiejętność komunikacji i neutralizowania konfliktów. Są związki, które szybko gubią poczucie szczęścia, przytłoczone przez obowiązki, trudności dnia codziennego. Miłość wygasa, fascynacja zanika. Jeżeli kryterium szczęścia jest seksualna przyjemność, erotyczne zapatrzenie, niezmienność uczuciowości – rozczarowanie murowane. Udana więź seksualna wymaga omijania raf codzienności.

Co nie jest, niestety, łatwe w zabieganym życiu.

Nie jest łatwe, ale nie jest także niewykonalne. I kobietom, i mężczyznom radzę głębsze zainteresowanie się mądrymi kulturami erotycznymi Wschodu. Nie chodzi mi tylko o dokładne przestudiowanie *Kamasutry* (chociaż to też), ale o dbałość o zachowanie charakteru odświętnego współżycia seksualnego, troskę o jego jakość, a nie ilość. Więź seksualna nie powinna być realizacją swoich potrzeb w każdej chwili.

Ona wchodzi do mieszkania, w domu nie ma dzieci (są u dziadków), on czeka

z pyszną kolacją, a w tle rozbrzmiewa „Time of My Life" z filmu „Dirty Dancing" – tak to sobie wyobrażam.

Albo inna równie elektryzująca piosenka, np. rytmy latino. I jak pani myśli, jak zachowa się kobieta w takiej sytuacji? Lepiej jest uatrakcyjniać swoje życie seksualne poprzez nadanie mu wyjątkowego charakteru. Poprzedzić je miłym czasem, stworzeniem dobrego nastroju. Poza tym, harmonia życia erotycznego wymaga umiejętności koncentracji na „tu i teraz". Jeżeli potrafimy się cieszyć chwilą, godziną, wieczorem, nasze przeżywanie więzi z partnerem jest bogatsze i pozbawione zagrożenia. Umiejętność przeżywania każdego dnia jest wyrazem mądrości życiowej. Mam pacjentów mężczyzn, którzy wpadają w panikę przed zebraniem w pracy następnego dnia, i zamiast zrelaksować się w ramionach żony, stresują się nieudanym – niestety – zbliżeniem. Pamiętajmy: jutro jest nieznane, liczy się teraźniejszość.

Może to z tego powodu kobiety zwykle lgną do artystów. Bo oni potrafią świętować każdego dnia? Czy może dlatego, że artyści są w swojej wrażliwości bliżej świata kobiecego?

Tak. A poza tym artyści działają też na bodźce słuchowe. Dużo mówią albo śpiewają. Julio Iglesias tak uwodził swoim lirycznym głosem, że kobiety mdlały. Zresztą każdy typ przyciąga jakiś swój typ. Jeżeli piosenkarz rockowy jest bardzo męski, a kobieta ma lęk przed mężczyznami, to ona będzie się czuła jego męskością zagrożona i wybierze inny typ. Ale generalnie panie czują pociąg do artystów, bo oni są na Olimpie, odnieśli sukces. Na wczasach mieszkałem we włoskim hotelu i pracował w nim Włoch zajmujący się sferą rozrywki. Bardzo kreatywny: zabawy, śpiewy, tańce, teatr. Ten pan miał niesamowite powodzenie, nieustannie otaczał go wianuszek wielbicielek. Bo był samcem alfa na plaży. To działa tak samo wszędzie: samiec alfa estrady, klubu, dzielnicy, ulicy. Nawet ratownicy mają na plażach swoje wielbicielki. Dlatego prezydenci i dyktatorzy mają ich najwięcej.

Proszę przepisać czytelnikom receptę na udany związek...

Proszę odmierzyć i zmieszać w równych proporcjach: 1. zdrowe poczucie męskości i kobiecości, 2. udany seks, 3. podobne temperamenty, 4. dobre środowisko rodzinno-społeczne, w którym wychowywali się oboje partnerzy. Powinno się udać. A na poważnie – nie ma recepty na idealne małżeństwo czy związek. Są np. relacje udane, mimo że seks nie jest najlepszy, albo na odwrót – takie, które są udane dzięki dobremu współżyciu, mimo że inne sprawy nie do końca są harmonijnie ułożone.

Są jednak pewne prawidłowości, „pewniaki", które powtarzają się w większej części populacji. W kwestii osobowości partnera należą do nich: dojrzałość psychiczna, bogata osobowość, refleksyjność, wytrwałość, poczucie humoru, przyjacielskość, umiejętność rozładowywania konfliktów i napięć, zainteresowanie innymi ludźmi, życzliwość, system wartości, stawianie wymagań – sobie i partnerowi. Gdy myślimy o balansie między kobiecością a męskością, powinna być odczuwana wzajemna atrakcyjność. Bardzo mocno (bez względu na to, jak bardzo są one stereotypowe) liczą się u kobiety następujące cechy: inteligencja, praktyczność, zdolność do samokontroli, kierowanie sprawami gospodarstwa domowego, dbanie o siebie, kokieteria, wdzięk, macierzyństwo. U mężczyzn: refleksyjność, stałość, umiejętność bycia partnerem, niezależność, ciepło uczuciowe, pasja, siła woli i przekonań. Natomiast dla sfery seksualnej dobrze jest, kiedy obie strony mają podobne temperamenty, wspólne mieszkanie (najlepiej duże i z wielkim łóżkiem). Dobrze by było, gdyby aktywnie spędzali wspólny czas. Jeżeli nie nudzą się w swoim towarzystwie i wzajemnie się wspierają – to dobrze wróży. A jeszcze lepiej, kiedy mają demokratyczny podział obowiązków i kompetencji. Idealna sytuacja zdarza się także, gdy i kobieta, i mężczyzna wyszli z podobnych domów, w których rodzice mieli szczęśliwe związki, panowała w nich dobra atmosfera, dzieciom były stawiane wymagania na miarę ich możliwości, ale otaczano je ciepłem i zrozumieniem.

Rozumiem, że w związkach nieudanych partnerzy mają odwrotne cechy niż ci, którzy stworzyli dobre relacje?

Nie wprost. Ludzie w nieudanych związkach czują się nieszczęśliwi, chcą zmienić partnera, w ich wzajemnych relacjach przeważają sytuacje konfliktowe, napięcia. Negatywne cechy, które mogą rzutować na wzajemne relacje, to brak poczucia odpowiedzialności, egocentryzm, obojętność wobec ludzi, zamykanie się tylko w swoich sprawach, ubóstwo świata uczuciowego, brak wrażliwości i ambicji życiowych, nastawianie się na małe, doraźne cele, agresja, neurotyzm, niechęć wobec dzieci. Kobiece cechy, które mogą ujemnie wpływać na związek, to oschłość uczuciowa, cechy silnej dominacji, potrzeba mocnej rywalizacji. U mężczyzn – brak wytrwałości, pobudliwość, podejrzliwość, nudna osobowość, postrzeganie wartości kobiety jedynie na płaszczyźnie seksualności i walorów gospodyni domowej. W warstwie erotycznej nie jest zbyt dobrze, jeżeli temperamenty seksualne partnerów mocno się od siebie różnią, gdy mają inne potrzeby i upodobania lub są skoncentrowani jedynie na swoich potrzebach. Nieuchronnie ich życie seksualne przekształci się w nudne i pełne rutyny. Jeżeli pochodzą z zaburzonych domów, w których albo nie było jakiejkolwiek dyscypliny, albo dominował w nich klimat strachu, rządzili w nich nadopiekuńcza, wścibska, dominująca czy domagająca się wdzięczności matka i nieobecny lub obecny, ale agresywny (niemęski) ojciec, także można liczyć się z tym, że związek nie będzie udany. Co więcej, większość tych cech można dostrzec już przed ślubem, a jednak są one niedocenianie lub mówi się: „Jakoś to będzie".

Potocznie mówi się, że „jeżeli jest miłość, to wszystko się ułoży" albo: „Miłość wystarczy i wszystko zwycięży". Czy to prawda?

Jakkolwiek powszechna jest wiara w moc miłości, często jednak załamuje się ona i ginie, jeżeli nie ma sprzyjających warunków do jej rozwoju. Dla seksuologów to bardzo ważne, żeby więź między partnerami była mocna. To „załatwia" połowę leczenia. Ale ten pogląd jest przyczyną np. opóźnienia się w dotarciu do specjalisty. Czasami ludzie uważają, że skoro się kochają – nie jest im potrzebna żadna pomoc. Uzdrawiająca moc miłości może być zawodna. Nawet największe uczucie może się skończyć dramatycznie. Miłość musi mieć zapewnione warunki rozkwitu, a jednym z nich jest harmonia seksualna.

Partnerzy o złych cechach są zatem skazani na niepowodzenie. Nie da się ich „naprawić"?

Osiągnięcie szczęścia w związku nie zależy od losu, fatum, lecz spoczywa w sercach i poczynaniach partnerów. Jeżeli wiemy, jakie cechy mogą negatywnie wpływać na więź partnerską, to jest to ogromny oręż i wyjście do zmiany. W moim gabinecie często słyszę: „Jakże inaczej wyglądałby nasz związek, gdybyśmy wiedzieli o tych sprawach... Dlaczego nikt nam nie powiedział". Nie ma bowiem takich cech, które w sposób bezwzględny determinują niepowodzenie w relacji i całkowicie odbierają szansę na powodzenie. Natura ludzka jest tak elastyczna i tkwi w niej tak duży potencjał do zmiany, rozwoju, przeobrażenia, że mamy w sobie wielkie możliwości zmienić nasze wady w zalety, a nasze braki w wartości. Perspektywy udanego związku znajdują się tylko i wyłącznie w rękach samych partnerów.

Z mojej codziennej praktyki lekarskiej wnioskuję, że ludzie potrafią uruchomić wszystkie tkwiące w nich potencjały twórcze po to, by uszczęśliwić kochaną osobę i siebie. Lata temu w mojej książce „Seks partnerski" zamieściłem porady jednego z francuskich prawników, specjalisty od rozwodów, który uważał, że byłyby one sporadyczne, gdyby partnerzy stosowali się do następujących wskazań. Pozwolę je sobie przytoczyć, bo mam wrażenie, że nie straciły na aktualności: ona – niech unika rozrzutności, dba o porządny wygląd, zwłaszcza w życiu domowym, unika zalotności wobec innych mężczyzn w sposób, który denerwuje jej męża, spędza jak najmniej czasu ze swoją matką, nie opowiada znajomym o sprawach rodzinnych, zwłaszcza o wadach i błędach męża, ustępuje w drobnych rzeczach, zachowuje takt, delikatność i pogodę, możliwie w każdej sytuacji.

Doprawdy, chodzący ideał. Chyba nie wierzy pan, że istnieją jeszcze takie kobiety-anioły?

A tacy mężczyźni? Proszę, oto garść poleceń dla nich: traktuj swoją ukochaną, jakby zawsze była twoją narzeczoną, nieustannie jej się przypodobuj, zachowaj uprzejmość, pogodę, grzeczność, takt we wszystkich sytuacjach, troszcz się o jej wypoczynek i rozrywkę, unikaj sprzeczania się o drobiazgi, traktuj żonę jak równego sobie partnera, pomagaj jej w pracach domowych i opiekowaniu się dzieckiem.

Podoba mi się, tym bardziej że większość mężczyzn skupia się jedynie na zdobyciu kobiety. Część z nich uważa, że istnieje na to idealna metoda...

...i pyta o nią mnie. Może pani nie uwierzyć, ale mężczyźni przychodzą do seksuologów z prośbą o nauczenie ich skutecznej metody na poderwanie dziewczyny. Opisują historie swoich seksualnych podbojów i chcą wiedzieć, jakie popełnili błędy. Ich zdaniem, na każdą kobietę istnieje jedna metoda, i gdy się ją odkryje – wszystkie będą wiły się u ich stóp. Najbardziej nie lubią sytuacji, w których już byli „w ogródku, już witali się z gąską", a w rezultacie nic z tego nie wynikło – była zainteresowana, a następnego dnia nie oddzwoniła. Nie biorą pod uwagę tego, że panie są różne, że czasami potrzebują flirtu, żeby się dowartościować bez potrzeby wdawania się w romans. Dla panów mam złą i dobrą wiadomość w jednej: nie ma uniwersalnego sposobu na podrywanie. Jeżeli mężczyzna budzi w niej fascynację, pociąg, zainteresowanie – sposób uwodzenia nie ma większego znaczenia. Pamięta pani historię Jerzego Kalibabki? [słynny polski przestępca, który na początku lat 80. z niespotykanym sprytem uwiódł bardzo wiele kobiet, przeważnie po to, by je okraść, ale także po to, by wykorzystać je seksualnie; jego postać była inspiracją dla słynnego serialu telewizyjnego „Tulipan" – przyp. red.]. Niektórym paniom wystarczy, że mężczyzna przejawia tzw. zachowania adoracyjne. Dla panów z małą wyobraźnią powstały szkoły uwodzenia, wydaje się poradniki na ten temat. Od jednego z autorów taki poradnik dostałem. Z jednej strony podobał mi się, bo była to zręcznie napisana pozycja z dziedziny psychologii komunikacji. W dodatku przesycona faktami i przykładami, o których ci nieśmiali, zakompleksieni mogą nie wiedzieć: że gdy ona oblizuje wargi, przechyla głowę, zaczyna poprawiać włosy, to jest już nim zainteresowana. Że kiedy on proponuje dziewczynie pierwszą randkę, a ona mówi nie, to nie zawsze oznacza, że nie chce. Może ona potrzebuje więcej adoracji. Natomiast druga część książki była nauką oszukiwania i manipulacji. I to mi się nie podoba, bo w takiej sytuacji ona staje się zwierzyną łowną. Wtedy służy to sportowemu seksowi.

Zainteresowanie tymi kursami jest duże.

Bo zawsze była populacja nieśmiałych mężczyzn. Poprzez takie nauki mogą przełamać swoją nieśmiałość z prostego powodu: wcześniej Pan Nieśmiały mógł odczytywać gesty kobiety jako odrzucenie, a w rzeczywistości była to akceptacja. O czym on wcześniej nie wiedział. I to jest bardzo skuteczne leczenie nieśmiałości.

Spotkał pan bardzo atrakcyjnego mężczyznę, który był nieśmiały?

Oczywiście, bo uroda nie ma tu nic do rzeczy. Zainteresowanie kobiet wobec niego budziło w nim lęk. Jest pewien typ pań, dla których mężczyzna nieśmiały jest wyzwaniem. Mają potrzebę, żeby go uczynić śmiałym. U niektórych przeradza się to wręcz w posłannictwo. W przypadku nieśmiałego można odnieść sukces. Ale kij ma dwa końce – sukces może się okazać niebezpieczny: taki wyleczony przez kobietę pan może pójść dalej swoją drogą. I ona zostanie sama. Znam też inny przypadek. Pewna pani zakochała się w ateiście. On był wrogo nastawiony do wiary, ona – wierząca i chciała zrobić z niego gorliwego katolika. Efekt był taki, że wylądował w seminarium duchownym. Dziś jest nawet biskupem.

Rozdział VII.

Dlaczego zdradza

Rozdział VII.

Potencjalna jednorazowość zdrady / społeczne przyzwolenie na podwójne życie panów / lekkomyślne „przygody" / strategia przyznawania się do winy / wieczne hamletyzowanie / małżeństwo to wygoda / mężczyźni, którzy mają dwie rodziny / „zespół prowokowanej zdrady" / męskie kariery przez łóżko / encyklopedia kobiecości

Prawdziwy mężczyzna musi zdradzać...

Naprawdę?

Zna pan wiernych swojej żonie przez całe życie?

Tak, nawet kilku. To stereotyp: prawdziwy mężczyzna musi zdradzać swoją partnerkę. Pogląd, że oni są niewierni z natury, to kolejne, zbyt często powtarzane *cliché*. Panowie są uważani za twory przez naturę zdeterminowane do tego, aby zdradzać. Inaczej mówiąc: on z natury jest poligamiczny, a ona – monogamiczna. Miesza się tu kilka pojęć. Popęd płciowy jest z natury poligamiczny, ale wybór dokonywany przez człowieka, dotyczący realizacji tego popędu, może być poli- lub monogamiczny. Proces ten jest niezależny od płci. Warto też przypomnieć, że przesąd ten rozpropagowali sami mężczyźni w czasach obyczajowej podwójnej moralności. Dawał im on większe uprawnienie w swobodzie życia seksualnego. Na zarzut żony: „Znowu mnie zdradziłeś, ty łajdaku!" – odpowiadał po prostu: „Nic nie poradzę, taka już moja natura. Z nią się nie walczy!".

Jeżeli zdradzi raz, zrobi to ponownie?

Nie ma takiej prawidłowości. To jeden z seksualnych mitów. Z badań socjoseksuologicznych wyraźnie wynika, że zdrada przeważnie ogranicza się tylko do jednego partnera. W ogóle, z ostatnich badań o seksualności Polaków wynika, że coraz mniej zdradzamy. Ale mam wrażenie, że wynika to z braku... czasu. Żeby zdobyć drugą kobietę, trzeba jednak poświęcić na to kilka długich chwil. A gdy się nie ma czasu, dużo się pracuje i jest się zmęczonym, to i zdrada nie w głowie.

Są jednak tacy, co może i nie mają dużo czasu, ale za to sporo okazji. Niedawno rozmawiałam z koleżanką, która właśnie wróciła z targów turystycznych i przez dwa wieczory była nieustannie nagabywana przez dwóch żonatych panów: bruneta i blondyna, którzy opowiadali jej o swoim nieudanym życiu seksualnym i robili niedwuznaczne aluzje w stronę „trójkąta".

Ale oprócz tych dwóch nagabujących żonatych było tam prawdopodobnie jeszcze kilku, których nie interesowały tego typu przygody. Mam także wrażenie, że to panie w pewien sposób wymuszają na mężczyznach tego typu zachowania. Pamiętam kilka pacjentek, które w rozmowie ze mną głośno zastanawiały się, dlaczego jakiś tam atrakcyjny (żonaty) facet nie rozmawia z nimi podczas imprezy. Przecież z zasady powinien flirtować – z nimi, świetnymi kobietami. Ich pierwsze podejrzenie było oczywiste: prawdopodobnie jest gejem. Jest to głęboko niesłuszna ocena. Przypominam pani, choć pani tych czasów nie pamięta, że – kiedy jeszcze nie było radia i TV, naturalną koleją rzeczy było, że po wspólnej kolacji, towarzystwo dzieliło się na męskie i damskie. Panie szły do jednego pokoju, panowie – do drugiego, dyskutowali w swoich kręgach, i nikt o nikim nie mówił, że ten jest gejem, a ta lesbijką.

Czyli gejem nie jest? Może boi się tych kobiet?

Samo to, że dany mężczyzna nie ma potrzeby zdradzania ani nawet flirtowania, nie musi oznaczać, że jest gejem. Możliwe jest bowiem o wiele prostsze wytłumaczenie: on jest tak zafascynowany osobą swojej partnerki, że nie odczuwa ochoty na romansowanie. I całą swoją postawą daje sygnał, że najzwyczajniej w świecie wcale nie uznaje tych pań za atrakcyjne. Może to unikanie rozmów jest delikatnym sygnałem, który ma za zadanie nikogo nie urazić i brzmi: „Nie podobasz mi się", „Nie działasz na mnie". Niestety, w przypadku, kiedy w pobliżu takiego mężczyzny znajdzie się kobieta o skłonnościach narcystycznych, natychmiast nastąpi atak na „nieflirtującego", ponieważ ona za wszelką cenę będzie chciała udowodnić, że jednak jest dla niego bardzo atrakcyjna. Dlatego radzę paniom, „łowczyniom przygód", aby jak najczęściej przypominały sobie powiedzenie: „Cały w tym ambaras, żeby dwoje chciało naraz". Bo czasami on może nie mieć ochoty na zdradę. I zapewniam, że jest to całkowicie normalne.

Nawet gdy się przed nim rozbierze i okaże się, że ma ciało jak marzenie?

Nawet wtedy. Spokojnie może odmówić. Samo rozebranie nie zadziała jeszcze tak bardzo. Mężczyźni wbrew pozorom są poczytalni i nie wystarczy, żeby im roznegliżowana pani usiadła na kolanach. Bo on ma zakodowane, że musi w każdej chwili być gotowy przerwać i skończyć miłosne igraszki. Są takie przypadki, że kobieta w trakcie mówi nagle: „Nie" i partner przerywa.

Ale zgadza się pan z tym, że mężczyźni częściej zdradzają niż kobiety?

Tak, to prawda.

Dlaczego?

Z wielu przyczyn. Przede wszystkim na męską zdradę jest większe przyzwolenie społeczne. Jemu łatwiej jest zdradzić, bo statystycznie rzecz ujmując, częściej u niego zdarza się seks dla seksu. Poza tym panowie są bardziej podatni na uleganie kobietom, które mają na nich ochotę. Tłumaczą sobie: „Skoro trafia się okazja, to grzech nie skorzystać". Poza tym zdradzają, bo są seksualnie niezaspokojeni, bo chcą się dowartościować („komuś się jeszcze podobam"); zdradzają, żeby zobaczyć podziw w oczach kobiety, którą poderwali.

Od pań wymaga się więcej, ich zdrady są traktowane surowiej. Mężczyzna, kobieciarz miewający romanse, jest postrzegany jako normalny i nie ma to wpływu na jego ocenę jako osoby. Kobieta lubiąca panów i romanse narażona jest na bardzo negatywne oceny. Jak wynika z badań, panie są bardzo wyczulone na tego typu oceny i bronią obrazu „bycia pożądaną".

Mężczyzna myśli sobie: „Miałem tyle kobiet, to znaczy jestem KTOŚ".

Może tak myśleć. Liczba kochanek ma wpływ na jego poczucie wartości. Jeżeli miał tylko jedną partnerkę, może mu to ciążyć. Ale znam wiele przypadków, kiedy to właśnie kobiety prowokują mężczyznę do zdrady, chociażby właśnie z powodu swoich narcystycznych osobowości. Fakt zdobycia monogamicznego mężczyzny żyjącego w szczęśliwym związku, czasami bywa to nawet ktoś z rodziny, daje im poczucie satysfakcji, zadowolenia z siebie, sukcesu, zwycięstwa. Znałem pięćdziesięciolatka żyjącego we wprost idealnym związku, kochającego swoją żonę miłością nieprzemijającą. Miał opinię faceta nie do zdobycia, w dodatku był przystojny, elegancki i mógł się podobać. Zagięła na niego parol trzydziestolatka, która owijała sobie wokół palca nie tylko profesorów na uniwersytecie, ale także prawicowych polityków. Przez półtora roku próbowała wszystkich sztuczek, bezskutecznie. W końcu wyznała mu kilkakrotnie, że go kocha i zawstydzona po tym wyznaniu uciekła. W końcu znaleźli się sam na sam w hotelowym pokoju i on przekonany, że młoda kobieta jest w nim szalenie zakochana, poddał się urokowi chwili. Ona odniosła triumf, nie mogła jednak o tym nikomu powiedzieć – miała męża, a uwiedziony był jej przełożonym. Nie przewidziała, że jej jednorazowy kochanek wyzna wszystko uwielbianej żonie. Że jest kochany przez młodszą kobietę. Zamieszkał w służbowym mieszkaniu – żona dała mu czas na przemyślenie całej sprawy i skontaktowała się z kochanką. Chociaż ta podtrzymywała wersję, że jest zakochana w jej mężu, dojrzała żona nie uwierzyła w jej wersję. Finał sprawy był taki, że małżonkowie wrócili do siebie, ona wybaczyła mężowi, flirciara zmieniła pracę i tylko „uwiedziony" ma poczucie winy, bo nie spodziewał się, że jest zdolny do zdrady i utożsamienia seksualnego zauroczenia z miłością.

Wśród mężczyzn także są uwodziciele uwodzący dla samej satysfakcji, że się udało...

Tak, i co charakterystyczne dla osób o takich skłonnościach – nie ma w nich poczucia winy ani wyrzutów sumienia, nawet jeżeli swoim postępowaniem prowadzą do rozpadu związku czy zerwania więzi rodzinnych. Najgroźniejsze jest, kiedy takie postępowanie staje się stylem życia.

Czy zdrada może być formą ucieczki od stresów?

Wielu mężczyzn w przypadku ujawnienia zdrady podaje właśnie taki motyw. Ma on być w oczach partnerki „okolicznością łagodzącą". Zdaniem panów, kreowanie się na ofiarę stresów zawodowych powinno w oczach kobiety znaleźć zrozumienie – w końcu to dla ich wspólnego szczęścia się tak poświęca! Liczą na to, że niewierność będzie potraktowana łagodniej. Może w takiej sytuacji zrobić żałosną minę i stwierdzić, że poziom stresu był u niego tak duży, że musiał pójść do łóżka z inną, żeby go rozładować, odprężyć się i zapomnieć o wszystkim. Czasami rozczulony potrafi nawet nad swoją niedolą się rozpłakać.

Kobiety dają się nabrać?

Bywa, że jakaś matkująca lub naiwna partnerka mężczyźnie wierzy, i niejednemu w ten sposób udało się wybrnąć z niekomfortowej sytuacji. Zresztą w tym mechanizmie kojącego działania zdrady i uwolnienia się od stresu jest sporo prawdy. Chemia seksu wiąże się z neuroprzekaźnikami w mózgu odpowiedzialnymi za stan euforii. Poza tym, w ramionach obcej kobiety można oderwać się od wszystkiego i wyłączyć się. Nie jest to natomiast żadne usprawiedliwienie zdrady, równie dobrze delikwent mógł pójść na basen albo do SPA. Jeden z moich klientów miał romans z młodą kobietą, która rzeczywiście podczas spotkań, a przed seksem, najpierw robiła mu masaż, on się jej zwierzał ze służbowych kłopotów. Żona zauważyła, że mąż przyjeżdża ze służbowych wyjazdów dziwnie wyluzowany, mimo że nie wszystkie sprawy udało mu się załatwić. Kiedy zdrada wyszła na jaw, on tłumaczył się właśnie tym, że romans miał „charakter relaksacyjny", a nie był prawdziwym zakochaniem się – bo tego panie zawsze obawiają się najbardziej. W rezultacie małżonkowie dogadali się i być może zaczęli sobie robić masaże nawzajem...

Czy ma pan jakieś sprawdzone sposoby, które mogą zapobiec zdradzie?

Co może przeszkodzić zdradzie ze strony mężczyzny? Możemy zwrócić uwagę na kilka rzeczy. Pierwsza to konsekwencje. Jeżeli zależy mu na partnerce i wie, że zdrada to koniec związku, bez względu na to, czy mają dzieci, czy nie, taka świadomość zmniejsza ryzyko skoku w bok. Kobiety w jakiś sposób uzależnione od swoich wybranków: emocjonalny, materialny, i zbyt tolerancyjne wobec nich, mogą się spodziewać, że ich facet będzie miał większe pole do popisu w kwestii niewierności. Uwaga na Piotrusiów Panów, wychowanych przez zbyt tolerancyjne mamy. Jeżeli jego partnerka wejdzie w rolę mamusi bis i będzie skłonna mu wszystko wybaczyć – prędzej czy później z tym problemem stanie oko w oko. Prawdopodobieństwo zdrady zmniejsza się także, jeżeli on wszystkie potrzeby ma zaspokojone w domu, czyli dobre życie erotyczne i udaną więź z kobietą. Bo, przepraszam za takie porównanie, jeżeli on pije dobre wino toskańskie, to inne wina nie będą dla niego konkurencją, chyba że się pojawi nowe tej samej klasy...

Zawsze pyta pan o powód zdrady swoich pacjentów?

Zawsze pytam.

Potrafią to sprecyzować czy raczej się wykręcają: „Ot tak, po pijanemu mi się przytrafiło...".

Jest to jakieś wytłumaczenie, ponieważ po alkoholu ma się trochę mniej hamulców. Przeprowadzono kiedyś taki eksperyment: siedzi facet w barze i im bardziej jest wstawiony, tym brzydsze kobiety są dla niego bardziej atrakcyjne.

Czy alkohol tłumaczy zdradę?

Zależy od sytuacji. Jeżeli wiadomo, że mężczyzna po alkoholu ma kompletny black out i nie wie, co się dzieje, nic nie pamięta, a są tacy – można to jakoś wytłumaczyć. Jeśli partnerka wie, że coś takiego się dzieje, potraktuje go inaczej niż taka, której ukochany po alkoholu kontroli nie traci. Nie można rzucać samego hasła: „Alkohol rozgrzesza", trzeba znać motyw zdrady.

Jaka była najgłupsza zdrada, jaką pan pamięta?

Wszystkie przypadki, kiedy on poznaje kobietę, która ma wielu partnerów równocześnie, i współżyjąc z nią, w ogóle się nie zabezpiecza, łapie od niej jakąś chorobę. To jest ta głupia zdrada. Albo „naciągnęła" go dziewczyna w wieku kodeksowym, czyli poniżej piętnastego roku życia, a później on ma z tego powodu kłopoty. Podam pani autentyczny przykład zdrady, która zrujnowała człowiekowi życie. Mężczyzna ma ciąg problemów: zawodowe, rodzinne, rozwód w toku. Znajduje sobie dziewczynę, a ta po karczemnej awanturze oświadcza, że wraca do byłego chłopaka. Facet jedzie samochodem, seksualnie niezaspokojony, dziewczyna mu odeszła, źle myśli o kobietach – żona go ciągle kompromituje w sądzie. Nagle widzi na poboczu panią, która prosi go o podwiezienie. Podwozi ją, ale ma na nią ochotę, dochodzi do seksu. Ona nie jest atrakcyjna, jednak on wyładował na niej złość za wszystkie partnerki swego życia. Później ona go oskarża o gwałt, on idzie siedzieć. Jedno zdarzenie złamało mu karierę zawodową i życie. Drugi przykład: kontakt seksualny, który zupełnie zmienia relacje. Mężczyzna przespał się z szefową w pracy, a teraz ona go zupełnie inaczej – gorzej – traktuje. Albo: zdradził żonę z psychopatką, która teraz go nęka i rozwala jego związek. Albo: miał romans z kobietą, która szczególnie uwielbia niszczenie płci przeciwnej: nagrała seks i teraz go szantażuje.

Kobiety jak ognia boją się zdolności mężczyzny do oddzielania seksu od uczuć...

Bo nie rozumieją, że jemu przychodzi to łatwo. Chociaż niektóre panie też to potrafią, ale zdarza się to bardzo rzadko. To jest lęk przed nieznaną naturą męską, przed ukrytym życiem. A przede wszystkim lęk przed byciem skrzywdzoną. Jej się może świat zawalić, gdy się dowiaduje, że jej wybranek ma od kilku lat romans. Dla niej jest po prostu bydlakiem. Ale gdyby poznała to, co on myśli i przeżywa, że on ma poczucie winy, że zrobił źle, że jest uwikłany i nie wie, jak sobie z tym wszystkim poradzić... Wielu mężczyzn przychodzi do mojego gabinetu z olbrzymim poczuciem winy. Nie dają sobie rady z emocjami. Żona niczego nie wie. Oni patrzą jej w twarz, która jest pełna zaufania i wiary w lojalność, i czują się jak zbity pies, niezasługujący na takie zaufanie.

Kobiety nie rozumieją, dlaczego on ma romans, skoro w domu ma wszystko. Jesteśmy udanym związkiem, w łóżku jest dobrze, jestem namiętna, otwarta na różne pomysły, nigdy mu nie odmawiam, podniecam się szybko, jestem aktywna. To po diabła mu to było? No właśnie, po to, że „ta nowa" to nowość, inność. Tylko to. Ta nowość może być w jakości nawet gorsza. Trafił do mnie kiedyś artysta, który cyklicznie zdradzał swoją żonę, bo – jego zdaniem – świetnie to działało na jego natchnienie i wenę twórczą. Jego małżeństwo było bardzo udane, ona – prawdziwa dama, ładny dom, świetne dzieci. Złego słowa nie mógł powiedzieć. Jednak w swoim życiu zaobserwował pewną prawidłowość: co dwa, trzy lata ma romans według następującego schematu: zauroczenie, seks, urządzanie partnerki (zajęcie się jej pracą, karierą), przyzwyczajenie, znudzenie się. Rozstanie. I kolejny związek. W trakcie romansu potencjał twórczy artysty wznosił się na wyżyny, a w fazie znudzenia opadał. Pacjent miał nawet specjalną rozpiskę swoich wystaw, z której rzeczywiście wynikała cykliczność wzlotów i upadków.

Żona znała tę prawidłowość?

Nie, a on nie zamierzał jej wtajemniczać. Niestety, ostatni romans wymknął się spod kontroli, bo kochanka zapragnęła czegoś więcej – zostania na zawsze muzą artysty. Ponieważ nie wchodziło to w grę, kobieta udała się do jego żony i ze szczegółami opowiedziała jej o miłosnym związku. Żona zaproponowała wiarołomnemu układ: mieszkają razem, ale śpią osobno i mimo że nie mają rozwodu, nie żyją ze sobą. Artysta wpadł w panikę, wyobrażając sobie żonę w ramionach innego mężczyzny. Jak się sprawa skończyła, nie wiem, podobnie jak nie znam dalszych losów weny twórczej tego niestałego męża.

Co by pan jej poradził?

Czy ona powinna odejść? Nie mogę radzić kobietom, bo to jest ich całe życie. Terapeuci generalnie nie powinni radzić. Jeżeli damy radę: „Zostałaś zdradzona, odejdź", to może być nieszczęśliwa na całe życie, bo posłuchała rady Lwa-Starowicza i rzuciła męża. „A mogłam mu przebaczyć, może by się nam udało". Ja mogę pomóc coś zrozumieć, przedyskutować, pomóc w nawiązaniu dialogu, ale nie mogę radzić.

Często mężczyźni zrzucają ciężar winy i dzielą się ze swoją partnerką informacją: „Zdradziłem cię, kochanie, i bardzo żałuję". Czy nie lepiej, by prawdę zachowali tylko dla siebie?

Owszem, przyznanie się do winy to – wbrew pozorom – dość często spotykana strategia. Poczucie winy doskwiera – trzeba więc się z tego oczyścić i ujawnić swój grzech. I wtedy dopiero się zaczyna! Zdejmą z siebie ciężar, ale obarczą nim kogoś innego. Zakomunikowanie drugiej osobie o wiarołomstwie wiąże się z nieprzewidywalnymi konsekwencjami. Świat jego zdrady to jedno, a świat, jaki otwiera się przed zdradzoną kobietą – to coś kompletnie innego. On nie kłamie: „Kochanie, zdradziłem cię z koleżanką z pracy, ale nic nas nie łączy, to był tylko seks, przepraszam cię i wybacz mi". Chciałby tylko, żeby ona mu wybaczyła, i sprawa jest czysta. A dla niej zaczyna się piekło pytań i domysłów: „Dlaczego to zrobił, czy to atrakcyjna kobieta, czy młodsza, w czym jestem gorsza od niej, w jaki sposób się kochali, czy jest lepsza ode mnie w łóżku, inteligentniejsza, chętniejsza? Czy jest niezadowolony z naszego życia?". Mężczyzna kompletnie nie zdaje sobie sprawy z tego, co wywołał i co się u jego partnerki dzieje. Kobiecej reakcji nie da się przewidzieć. On może i uwolnił się od winy, kamień spadł mu z serca. Ale w tym właśnie momencie może zacząć się jeszcze większy dramat niż jego funkcjonowanie z wyrzutami sumienia. Radzę ważyć słowa i przemyśleć, czy naprawdę chcemy wyznać swoje grzechy.

Lepiej kłamać?

To też jest strategia. Zaprzeczanie do końca: „Nie zdradziłem cię i nigdy tego nie zrobię", chociaż na zdrowy rozum było to oczywiste, o czym świadczą ślady szminki na kołnierzyku. Dla kobiety to o czymś świadczy. Mianowicie o tym, że to ona jest dla niego najważniejsza, a tamta się nie liczy. To często stosowany przez mężczyzn sposób: iść w zaparte, dopóki żona nie pokaże im miażdżących dowodów wiarołomstwa. Partnerki w takich sytuacjach wprost „wpychają" swojego mężczyznę za drzwi mojego gabinetu. Chcą, żeby wyznał powód zdrady, one nie chcą rozpadu związku, ale nie potrafią sobie wyobrazić życia z wiarołomcą. Jedna z moich pacjentek dowiedziała się, że mąż ma romans z młodszą. On unikał seksu (choć nie jest to jedyna strategia, niektórzy panowie są w czasie romansu nawet bardziej pobudzeni seksualnie), a po zdemaskowaniu powiedział, że to nic nieznacząca przygoda – kochance prawdopodobnie powiedział coś zupełnie innego. Skarżył się na żonę, że go nie docenia, że mają ubogie życie seksualne, że często go krytykuje. Z kochanką mają doskonałą więź i ona naprawdę go kocha. Ale z żoną także jest związany i nie chce jej krzywdzić.

I pytał pana, co ma zrobić?

Mężczyźni w takich sytuacjach mają zdolność do hamletyzowania, nie są w stanie podjąć żadnej decyzji. Często robi to za nich życie: kochanka odchodzi albo żona występuje o rozwód. Decyzyjność panów w takiej sytuacji jest także sparaliżowana przez emocje obu kobiet. One najczęściej płaczą, a ich szlochy są dla mężczyzny apokalipsą, bo – skoro oni sami rzadko płaczą – utożsamiają tego typu emocje z największym nieszczęściem. Mój wiarołomny pacjent poczuł się dokładnie rozdarty i nieszczęśliwy. Cała historia skończyła się – rzekłbym – statystycznie: został z żoną. Złożyło się na to kilka czynników. Żona mu przebaczyła, bo się pokajał (panom radzę w takich przypadkach jak najszybsze posypanie głowy popiołem – partnerka musi mieć poczucie zadośćuczynienia), on sam przestraszył się rewolucji w swoim dość wygodnym życiu: musiałby zmienić mieszkanie, towarzystwo, pogorszyłyby się jego relacje z dziećmi. Z drugiej strony – kochanka zaczęła naciskać na natychmiastowe podjęcie decyzji w sposób dosyć nieprzyjemny. Mężczyźni nie lubią takich sytuacji.

I nie odchodzą od żony z wygody?

Nie odchodzą, gdy związek jest w miarę udany. Są też inne warianty: może opuścić żonę i związać się z kochanką, wyprowadzić się i mieszkać solo, związać się z kochanką, ale po pewnym czasie skruszony zapukać do drzwi swojego dawnego małżeńskiego mieszkania. Kochanka także może go wyrzucić z domu, bo jej zdaniem zbyt mocno przeżywa rozstanie z żoną, i ten wraca do swojej ekspartnerki. A w końcu żona także może się demonstracyjnie związać z innym, żeby udowodnić: „Jestem dla innych atrakcyjna".

Co dla mężczyzny jest zdradą? Czy całowanie się w samochodzie z koleżanką z pracy można, według nich, uznać za sprzeniewierzenie się przysiędze małżeńskiej?

Linia graniczna ma bardzo subiektywny charakter, dla każdego więc zdrada oznacza coś innego. Na pewno nie budzi wątpliwości pełny stosunek seksualny. To na pewno jest zdrada. Fizyczna. Czy psychiczna, nie wiadomo. Dla młodych mężczyzn i kobiet coraz częściej zdradą nie jest stosunek oralny, analny czy międzyudowy. A co z głębokimi pocałunkami, dotykaniem rękami narządów płciowych? Taka forma seksu nie jest jednoznacznie uznawana za zdradę, dla jednej osoby nią będzie, dla innej – nie. Podobnie jak pieszczoty przez ubranie, ocieranie się czy mocne przytulanie.

Panie mówią o zdradzie psychicznej, jeżeli mężczyzna zakocha się bez stosunku seksualnego. Częściej także za zdradę uznawane jest fantazjowanie o innej osobie w trakcie współżycia czy masturbowanie się w trakcie oglądania pornografii. Znałem mężczyznę, który uznał, że jego żona zdradziła go podczas tańca z kolegą, ponieważ przytulała się do niego, a na jej twarzy było widać – zdaniem jej męża – podniecenie seksualne. „Najwyraźniej leciała na niego" – zdecydował i wniósł pozew o rozwód. To niezbyt częste, ponieważ z badań wynika, że o rozwód z powodu zdrady wnosi mniej (dziesięć procent) mężczyzn niż kobiet (czternaście procent).

Zdradzone kobiety mają masochistyczną skłonność do wdawania się w szczegóły...

Boże, broń nas przed szczegółami. Jeżeli mężczyzna was zdradził, drogie panie, nie pytajcie: „Jaka ona była? Brunetka czy blondynka? Dobrze ci z nią było? Jakie ma piersi? Co robiliście w łóżku?". To tylko pogarsza sytuację. Może lepiej uspokoić emocje na tyle, na ile można, i powoli dojść do przyczyny zdrady: czy chodziło tylko o to, że ona była po prostu inna, czy może był inny powód. Jeśli już się poznało przyczynę, nie powinno się już dążyć do żadnych szczegółów.

Mężczyźni zdradzeni przez kobiety też chcą znać szczegóły?

Oni się koncentrują na pytaniu: „Czy on w łóżku zrobił to lepiej ode mnie?". „Czy chodziło o większego penisa, czy może bardziej zróżnicowaną grę seksualną?". Dla panów zdrada partnerki wiąże się z olbrzymim poczuciem zagrożenia i gotowością do rywalizacji z konkurentem. Zdrada zawsze sprowadza się do tego, że mężczyzna zostaje rogaczem. W odniesieniu do kobiet nie ma takiego pojęcia. A rogacz równa się: ośmieszony; jego męskość jest spostponowana.

Jakie są jednoznaczne dowody na męską zdradę?

W stałym związku zaczyna nagle robić prezenty, kupować kwiaty, czyli podejmuje próby zadośćuczynienia. Niespodziewanie bardziej dba o siebie, kupuje droższe perfumy, lepiej się ubiera, chodzi na siłownię. Generalnie – wydaje więcej pieniędzy.

Co pan sądzi o przeszukiwaniu komórek partnerów, poczty elektronicznej w nadziei na znalezienie śladów niewierności?

Kiedyś wąchało się męską koszulę albo szukało śladów szminki. Dzisiaj ślady zdrady pozostawione są najczęściej w przestrzeni wirtualnej i wiele kobiet znajduje w ten sposób dowody. Oczywiście, jeśli weźmiemy pod uwagę prawa człowieka, nie powinno się tego robić. Ale wyobraźmy sobie kobietę, która coś przeczuwa. Co ma robić? Nie każdą stać na prywatnego detektywa, więc najprostsza droga to sprawdzanie SMS-ów, e-maili, podsłuchiwanie rozmów telefonicznych. Zaczyna węszyć.

Panowie robią to samo?

Oczywiście. Znam takich, którzy w domu montują podsłuchy. Wszystko wiedzą, co żona mówi, od piwnicy po strych.

Straszne.

Ale skuteczne. W przypadku, o którym mówię, mąż dzięki podsłuchom wiedział, jak się romans rozwija. Dzięki temu zachował zimną krew i wiedział, jak sobie z tym poradzić. Gdyby w nerwach wszystko ujawnił, ona by się bardziej kryła. A tak rozpracował całą sytuację i pozbył się konkurenta.

I są dalej w związku?

Owszem, kochanek znikł, bo dostał potężne lanie i nie chciał ryzykować drugiego. To też jest sposób na załatwienie konkurenta – zresztą kulturowo akceptowany. Wielu kochanków tak kończy. A który z nich pójdzie się skarżyć, że zazdrosny mąż go tak urządził?

No właśnie, co się dzieje z mężczyzną, który przyłapie swoją kobietę in flagranti? Wszyscy rzucają się na kochanków z pięściami?

Zwykle „z tym drugim" nie chcą stawać oko w oko, raczej go omijają, ale jeżeli już go poznają, zwykle kończy się to spuszczeniem lania. Poza tym reagują różnie. Miałem przypadki pacjentów, którzy demolowali mieszkanie, wyrzucali meble przez okno i bili swoją partnerkę. Byli też tacy, którzy zachowywali kamienną twarz, wychodzili bez słowa, zrywali kontakty – jak kowboje z westernu. A także ci, którzy po ochłonięciu wymyślali plan zemsty rodem z niezłego amerykańskiego thrillera. Potrafią zamienić życie swojej niewiernej żony w piekło: zachowują się skandalicznie podczas rozwodu, zdarza się także, że starają się skompromitować jej kochanka, np. w pracy: wydzwaniają, piszą obraźliwe maile. Poniżają przed znajomymi. Bardzo dużo jest reakcji skrajnie depresyjnych, prób samobójczych. Najrzadsza reakcja to opanowanie, a potem próba rozmowy czy wyjaśnienia sytuacji. Proszę pamiętać, że sytuacja *in flagranti* mocno uderza w męskie poczucie wartości (w kobiece zresztą też). To ciekawe, że panie bardziej niż panowie dążą do kontaktu z kochanką partnera. Czasami niebezpośredniego: po prostu wśród znajomych zbierają informacje na jej temat. Ale zdarza się, że dzwonią do niej. Rozmowa sprowadza się do epitetów i wykrzykiwania, żeby zostawiła ich w spokoju.

Czy to skuteczne?

Nie zawsze, często jeszcze bardziej rozpala namiętności, bo obrażona kochanka mówi sobie: „Poczekaj, już ja cię załatwię" i zamiast odpuścić, jeszcze bardziej osacza jej męża. Z mojego doświadczenia wynika, że spotkanie oko w oko z kochanką i spokojne przekonanie jej o bezsensowności tego romansu, wspominanie o dobru dzieci, łagodna perswazja, odnosi lepsze skutki niż krzyki i obrażanie. Miałem do czynienia z wieloma przypadkami, kiedy takie spotkanie żona – kochanka odbywało się za plecami męża. On nic o tym nie wiedział i kończyło się kobiecym porozumieniem.

Znam kobietę, która przez dwadzieścia lat żyła z mężczyzną mającym dwa domy.

Co się dzieje w głowie takiego człowieka, kiedy te dwa domy stają się dla niego normalnością?

To często spotykane. On się po prostu przyzwyczaja, a co więcej – czuje się odpowiedzialny za całą sytuację. Nie może pozbyć się tej drugiej kobiety, bo będzie cierpiała z jego winy. On nie chce być sprawcą jej cierpienia. Więc ciągnie oba związki, nawet gdy nie jest tym zachwycony. Nie ma się co łudzić, że wszyscy mężczyźni, którzy mają długie romanse, są szczęśliwi. Wielu z nich czuje się po prostu uwikłanych, i nie wiedząc, jak zakończyć romans, brną dalej. Niejednokrotnie miałem pacjentów, których taka sytuacja doprowadzała do wrzodów czy zawału, do nadciśnienia, do poważnej choroby somatycznej. Jeden z panów, mężczyzna przed sześćdziesiątką, od dwudziestu ośmiu lat żonaty, od dziewiętnastu lat związany jest jeszcze z drugą kobietą, z którą ma dwoje nastoletnich dzieci. Pierwsza żona niczego się nie domyśla, „druga" – żyje w innym mieście na południu Polski. A on jest właścicielem dużej firmy z międzynarodowymi powiązaniami, jego praca wymaga częstych wyjazdów. Obie rodziny traktuje równo, a przynajmniej się stara. Święta jednego roku spędza z „pierwszą" rodziną, a następnego roku – z „drugą". Musi się tylko starać, żeby mu się nie pomyliły imiona dzieci, fakty, i musi mieć dobrą pamięć. „Druga" żona ma jasność sytuacji, od początku było ustalone, że jej partner nie zostawi pierwszej żony. Obie rodziny mają wysoki standard życia, domy, atrakcyjne wakacje. Dzieci nie wiedzą, że mają przyrodnie rodzeństwo.

Jest zadowolony z takiego układu?

Tak. Przyszedł do mnie po leki na zwiększenie potencji, zaczyna się u niego andropauza, a obie partnerki mają spore potrzeby seksualne. Jest przekonany, że gdyby jego prawowita małżonka dowiedziała się o całej sytuacji, pewnie by ją zaakceptowała, ale on woli nie sprawdzać, czy tak by się stało na pewno.

Co w sytuacji, jeśli kochanka nie ma dzieci i statusu „drugiej żony". Pan, jako lekarz, może powiedzieć pacjentowi: „Niech pan z tym zerwie, bo to źle się dla pana skończy"?

Nie mogę. Muszę zanalizować tę relację ze wszystkimi zainteresowanymi. Rozwiązania mogą być różne. Nie ma jednej strategii. Wyobraźmy sobie: on ma dom, żonę i kochankę. Ten związek trwa długo. Kochanka ma lat trzydzieści trzy i to ostatni dzwonek na posiadanie dziecka, na urządzenie sobie życia. Przeważnie mężczyzna o tym w ogóle nie pomyślał, więc należy nim wstrząsnąć. W moim gabinecie robię mu wtedy rewolucję. Mówię: „Ta kobieta ma prawo do ułożenia sobie życia. Trzeba coś zrobić. W tę czy w tę stronę". Uświadamiam mu, że tej drugiej kobiecie wyrządza straszną krzywdę.

Ale też może być całkiem inaczej. Wyobraźmy sobie sytuację identyczną, tyle tylko, że kochanka mówi: „Tak go kocham, że rezygnuję ze wszystkiego. Nawet z dziecka i własnego życia. Mogę być tą drugą. Nie uszczęśliwiajcie mnie na siłę". To nie są częste przypadki, ale zdarzają się. Wówczas zostawiam mężczyźnie wolną rękę i takie związki mogą trwać i trwać.

Jacy mężczyźni mają skłonność do wchodzenia w podwójne związki?

Poligamiści. Całe życie tak mają, na okrągło. Skończy się jeden związek, zaraz wchodzą w drugi.

Po czym kobieta ma poznać, że on jest poligamistą?

Nie pozna. On się świetnie kamufluje, najczęściej wpada przez przypadek. Mieszka pani dziesięć lat z jedną osobą i niczego nie wie o jego drugim życiu.

Czy kobiety są również do tego zdolne?

Owszem, poliandria też istnieje na świecie, ale zdarza się dużo rzadziej niż poligamia.

Pan się spotkał z takim przypadkiem?

Tak, kobieta miała dwóch partnerów. To bardzo długo trwało, chociaż obaj mężczyźni wiedzieli o swoim istnieniu.

I jak się z tym czuli?

Zanim między nimi pojawiła się ta kobieta, byli przyjaciółmi. Ona mieszkała z jednym z nich, był jej mężem. Ten drugi był kochankiem „dochodzącym". Obaj ją kochali, ona kochała ich obu. Nie uprawiali seksu w trójkę, ale całkowicie akceptowali ten rodzaj trójkąta.

W układach trójkowych nieraz kryją się jednak różne zaburzone cechy. Np. kaudalelizm. Mężczyznę podnieca współżycie partnerki z inną osobą. Dla niego istnienie takiego trójkąta jest całkowicie zrozumiałe, a kobiecie też może się to spodobać.

I to właśnie na tym polega „zespół prowokowanej zdrady"?

Jednego z moich pacjentów seks interesował od zawsze. I to w dużych ilościach. Pochodził z trudnej rodziny, bardzo wcześnie zainteresował się ciężką pornografią. O kobietach nie miał dobrego zdania, uważał je za łatwe. Ożenił się z porządną dziewczyną, nie przyszło mu to łatwo, bo miał opinię atrakcyjnego kobieciarza. Zmienił się na korzyść, zrozumiał, że się wyszumiał. Seks mieli bardzo udany przez trzy lata. Potem zaczął mieć fantazje: jego żona uprawia seks z innymi mężczyznami. Bardzo go to podniecało i wkrótce stało się obsesją. Jeżeli o tym nie myślał, nie było szans na podniecenie. Zaczął delikatnie podpytywać żonę o szansę zrealizowania tej fantazji. Ona najpierw się oburzyła, ale potem zrobiła test: głośno fantazjowała, że uprawia seks z kimś obcym. Jej mąż wprost oszalał z podniecenia i następnego dnia kupił jej drogi prezent. Zaczął delikatnie sugerować, żeby zrealizowała to, o czym mówiła. Po kilku dniach powiedziała: „OK, ale sama sobie wybiorę kochanka". Pewnego dnia przyszła do domu i powiedziała: „Zrobiłam to". Wysłuchał jej powieści, coraz bardziej podniecony. Kiedy wyszedł na chwilę do drugiego pokoju, żony już nie było, a na stole leżała kartka ze słowami: „Nie będę żyć ze zboczeńcem". Pozew rozwodowy przysłała pocztą.

Czy kobiety godzą się w ogóle na tego typu propozycje?

Historie z prowokowaną zdradą w tle różnie się kończą. Zdarza się, że kobiety nawiązują romanse i nawet im się to podoba, inne pary mogą brać udział w seksie grupowym lub zamianie partnerów. Najczęściej jednak panie zrywają z mężczyznami, ale chcą znać przyczynę zachowań swojego partnera. Spotkałem się także z przypadkiem pani, która sama zaproponowała mężowi seks w trójkącie, przy czym zastrzegła sobie przywilej wybrania partnerki. Było to o tyle dziwne, że zwykle mężczyźni fantazjują o seksie z dwójką kobiet, ale obawiają się nawet zająknąć o tym, żeby nie wzbudzić zazdrości wybranki. Seks w trójkącie się odbył i trwa już od roku. Jest cudownie – męża zastanawia tylko jedno: że jego żona kocha się właściwie tylko z koleżanką, a jemu pozwala wyłącznie na seks oralny. Zastanawiał się, kim jest jego żona. Odpowiedź była prosta: jest lesbijką.

Porozmawiajmy o karierach robionych przez łóżko. Oskarża się o to najczęściej kobiety. Mężczyźni są bez winy?

Caryca Katarzyna II Wielka miała zastępy swoich dragonów, nic więc dziwnego, że i w dzisiejszych czasach takie męskie kariery przez łóżko nie należą do rzadkości. Kiedyś znany naukowiec zwierzył mi się, że postanowił wykorzystać zainteresowanie sobą nader wpływowej w świecie nauki starzejącej się pani profesor. Uznał, że typowa droga naukowa jest długa, mozolna i niepewna. Ułatwił sobie dobry start, wyszło mu to doskonale i jego kariera nabrała rumieńców.

Romans z szefową – lekarstwem na wszystko?

Miałem sporo pacjentów uwikłanych w romanse ze swoimi szefowymi. Tym, co ich wyróżniało spośród innych, było poczucie zagrożenia w środowisku, w którym pracowali. Oni mieli ogromny stres spowodowany przekonaniem, że „wszyscy wiedzą" i każdy awans, wyjazd służbowy, premia są przypisywane następstwom tego związku. O ile ten typ kariery jest liberalnie traktowany w przypadku kobiet, mężczyzna-kochanek szefowej nie jest traktowany poważnie. Umniejsza to ich poczucie wartości i uderza w prestiż. Chociaż spotyka się męskie kariery wyrosłe z romansu, to jednak zwykle nie dają one satysfakcji, bo kładą się cieniem na zawodowych umiejętnościach mężczyzny. Często towarzyszy temu lekceważąca opinia środowiska. Gorzej może być jeszcze jedynie w przypadku, kiedy szefowa jest brzydka, wtedy taki delikwent to dopiero się nasłucha! Pacjentów w takich specyficznych sytuacjach zdarzyło mi się pytać, jak myślą, co może być w nich atrakcyjnego dla ich partnerek. Odpowiadała mi cisza. W takich romansach poczucie własnej wartości ogromnie maleje, dlatego seks między tymi ludźmi na pewno nie jest udany. Z kilku powodów: on boi się ją stracić, więc za wszelką cenę stara się zaspokoić jej potrzeby i oczekiwania, i tym większy dystans się między nimi tworzy.

Kobiety robią karierę przez łóżko dzięki swoim umiejętnościom seksualnym czy jeszcze czemuś innemu?

To trochę bardziej skomplikowane. Sama satysfakcja seksualna szefa jest zbyt banalna, żeby widzieć w niej jedyne źródło powodzenia. Kobieta musi wiedzieć, że to właśnie ona na niego podziałała. Kiedyś pewna znana aktorka powiedziała mi, że zbliżając się do zakończenia szkoły aktorskiej, uznała: „Jestem tak piękna, że grzechem byłoby tego nie wykorzystać". I wcieliła ten plan w życie, wiedziała, kogo i w jakim stopniu może zainteresować. Bo to także jest bardzo ważna umiejętność. Najczęściej karierę przez łóżko robią panie „kobiece" w klasycznym tego słowa znaczeniu. To ten rodzaj atrakcyjności fizycznej wyzwala w mężczyźnie fascynację, potrzebę zdobycia i posiadania takiej wyjątkowej osoby. Innym sposobem jest seks wypracowany, czyli seks o wysokiej wartości technicznej, oprawie i wykonaniu. Zróżnicowane formy sztuki miłosnej potrafią skutecznie nie tylko przyciągnąć, ale także związać ze sobą drugą osobę. W takim układzie szefowi wydaje się, że właśnie ta kobieta jest dla niego niepowtarzalna, nie do zastąpienia i bezkonkurencyjna.

Zdecydowanie najbardziej niebywała kariera, której byłem świadkiem, dotyczyła pani o bardzo oryginalnej budowie narządu płciowego. Miała wyjątkowo wąską pochwę i umiejętność obkurczania mięśni Kegla. Jej kochankowie byli doprowadzani do szczytów rozkoszy i doznań. Znałem także przypadek kobiety, która poszła do łóżka z pewnym politykiem, aby załatwić swojemu mężowi dobrą posadę. Ponieważ jej partner był niezbyt zaradny życiowo, postanowiła wziąć sprawę w swoje ręce. Umówiła się z politykiem słynącym z wrażliwości na kobiece wdzięki. Romans był krótkotrwały, ale skuteczny. Jej mąż dostał posadę, o jakiej marzył, kompletnie nie wiedząc, komu ją zawdzięcza.

Seks w romansie jest zawsze lepszy niż w małżeństwie?

To nie reguła. Wielu moich pacjentów miało udane życie seksualne w stałym związku, a w romansie mieli zaburzenia. Seks był mniej atrakcyjny niż ze stałą partnerką. Romans może zaspokajać inne niż erotyczne potrzeby, np. więzi intelektualnej.

Czasami wygodnym tłumaczeniem niewierności jest stwierdzenie: „No cóż, po prostu jestem uzależniony od seksu. To silniejsze ode mnie". Czy przyjmuje pan takie usprawiedliwienie?

Nie podważam takiego rozpoznania jak uzależnienie od seksu. Są takie osoby, ale badanie opiera się na konkretnych kryteriach diagnostycznych. Natomiast zdecydowanie za często występuje nadużywanie tego terminu właśnie do wytłumaczenia swoich postępków. Zwykle sytuacja, kiedy przychodzi do mnie para z tym problemem, jest następująca: on siedzi z wyrazem cierpienia na twarzy. Nie ma – nie musi mieć poczucia winy – jest przecież BARDZO chory, nie boi się następstw swoich zachowań, jest całkowicie skoncentrowany na sobie i gotowy do natychmiastowego poddania się leczeniu. Jego partnerka zachowuje się wobec niego bardzo opiekuńczo, jest przejęta stanem jego zdrowia – to w końcu choroba groźniejsza od grypy... Żartuję teraz, ale prawda jest taka, że kobieta woli mieć chorego niż łajdaczącego się męża, dlatego dla niej ten rozwój sytuacji też jest bardzo wygodny.

Przecież to z jego strony jawna manipulacja.

Ale przyjmowana przez nią z ogromną wdzięcznością. W ten sposób załatwia się kilka rzeczy naraz. Nie trzeba prowadzić raniących rozmów, on nie musi się tłumaczyć, ona – analizować. Jej samoocena w kobiecej roli nie jest zagrożona. Co więcej, związki i romanse partnera nie są dla niej zagrożeniem – oczywiście – z pominięciem chorób przenoszonych drogą płciową. Jego zdrady bowiem nie opierają się na uczuciu, tylko chorobie. To bardzo wygodny dla obojga mit.

Bo wszyscy mężczyźni, panie profesorze, są tacy sami!

Ejże! Podobnie jak kobiety! To mit, że wszyscy jesteśmy klonami pramatki Ewy i praojca Adama. Mit ten ma mocne zakorzenienie w kilkuwiekowych stereotypach i chęci do uogólniania osobistych doświadczeń typu: mężczyźni myślą tylko o jednym, kobiety myślą macicą. Upowszechnianiu się tego typu stereotypów idą w sukurs poradniki typu „Mężczyźni są z Marsa, kobiety z Wenus", w których inność płci sprowadza się do kilku pojęć.

Bardzo ciekawe jest zagadnienie uogólniania osobistych doświadczeń. Może ono wynikać z wzorców osobowych matki i ojca, serii związków o podobnych scenariuszach. Bo co może sobie pomyśleć osoba, której kilka związków z rzędu kończy się odrzuceniem? Że wszyscy mężczyźni porzucają kobiety. Osoby mające przez całe życie jednego partnera mogą być skłonne do postrzegania drugiej płci na podstawie własnego z nią doświadczenia. Okazuje się również, że osoby mające wielu kochanków, wcale nie mają większej perspektywy w patrzeniu na płeć przeciwną. Operują podobnymi schematami, którymi posługują się ludzie z ograniczonym doświadczeniem seksualnym. Najlepszym tego przykładem jest kobieciarz. Wydaje się, że ten, który zna dziesiątki pań i ma z nimi kontakty seksualne, powinien wiedzieć, co gra w kobiecie. Tymczasem...

...kto znał tysiące kobiet, nie zna żadnej, kto znał jedną – zna tysiące...

Otóż to. Z reguły kobieciarzom wszystkie partnerki zlewają się w jedną, oni nie różnicują ich osobowości. Bo im więcej związków, tym mniejsze możliwości nawiązania więzi osobowej. Jeden z moich pacjentów – notabene żonaty po raz czwarty, miał mnóstwo kochanek. Prowadził ich rejestr, przy sto pięćdziesiątej przestał zapisywać. Poza tym miał wtedy czterdzieści cztery lata, i stwierdził, że warto się ustatkować. Partnerek nie szukał w agencjach towarzyskich, praca zawodowa ułatwiała mu kontakty. Był z siebie i swoich seksualnych podbojów bardzo dumny. Po kilkunastu latach i trzech małżeństwach spotkał swoją czwartą żonę – młodszą o dwadzieścia cztery lata zdolną studentkę renomowanej uczelni. Co się okazało? Że podczas współżycia z nim, młoda kobieta nie miała ani razu orgazmu. „Oziębła" – jej mąż postawił diagnozę błyskawicznie. Bo skoro wszystkie jego dotychczasowe kochanki zawsze odczuwały satysfakcję, to jej problem.

Ale ona nie była oziębła, prawda?

Nie. Była zdrowa i zdolna do satysfakcji, którą odczuwała z dwoma poprzednimi partnerami. Nie odpowiadał jej po prostu zupełnie sposób i styl zachowań seksualnych męża w łóżku. Opowiadał on jej najpierw o swoich sukcesach erotycznych, później oczekiwał aktywności z jej strony, lubił seks oralny i pozycję na jeźdźca. Czyli – preferował bycie obsługiwanym. Z pewnością jego status zawodowy i liczne partnerki skłaniały do przyjmowania takich ról. Okazało się jednak, że to za mało dla jego nowej żony – w jej przypadku ten schemat kompletnie się nie sprawdził. Ona oczekiwała czegoś dla siebie. Miała poczucie własnej wartości i zakochała się w jego barwnej osobowości. Była gotowa pójść na kompromis, bo odpowiadał jej także status społeczny męża. Zależało jej na utrzymaniu związku. Ale jej mąż był na tyle przywiązany do wysokiego mniemania na temat swoich erotycznych umiejętności, że nie udało mu się „przeskoczyć siebie" i nakłonić do zmiany stereotypu we współżyciu. Oczekiwał wyleczenia żony z rzekomej oziębłości bez jego udziału w tej sprawie. Koniec był do przewidzenia: ona ułożyła sobie życie z kimś, kto dał jej rozkosz, a on – znalazł sobie następną „hot woman".

Spis treści